Echter Glaube
zeigt sich im Alltag

Echter Glaube
zeigt sich im Alltag

Kommentar zum Jakobus-Brief

Max Billeter

Beröa-Verlag, CH-8038 Zürich

Die Bibelzitate sind der überarbeiteten Elberfelder-Übersetzung (Edition CSV-Hückeswagen) entnommen.

© Beröa-Verlag 2013 *www.beroea.ch*
Umschlagbild: © richardlyons – Fotolia.com
Druck: BasseDruck Hagen
ISBN 978-3-03811-005-7

Inhalt

**Einleitende Gedanken
zu Jakobus und seinem Brief** 7
Seine Person 7
Sein Leben 8
Sein Brief 9
Sein Thema 10
Fazit 12

Versuchungen von aussen   **1,1-12**   13
Die Art der Prüfung   1,2   14
Das Ergebnis der Prüfung   1,3-4   15
Die Weisheit für die Prüfung   1,5-8   18
Zwei verschiedene Situationen   1,9-11   20
Die Belohnung   1,12   21

Versuchungen von innen   **1,13-18**   23
Die eigene Begierde   1,13-15   24
Alles Gute kommt von oben   1,16-18   27

Hören und Tun   **1,19-27**   31
Hören und Reden   1,19-21   32
Falsch oder richtig hören   1,22-25   36
Echter Gottesdienst   1,26-27   39

Inhalt

Das Glaubensbekenntnis   Kapitel 2   41
   An der Gesinnung des Herrn geprüft   2,1-7   42
   An den Grundsätzen des Gesetzes geprüft   2,8-13   48
   An den Werken geprüft   2,14-26   52

Eine gezügelte Zunge und ein weises Verhalten   Kapitel 3   59
   Das Wesen der Zunge   3,1-12   60
   Die Weisheit   3,13-18   67

Einflüsse auf unser Leben   Kapitel 4   75
   Wie und wo das Fleisch wirkt   4,1-5   76
   Gottes Gnade und unsere Verantwortung   4,6-10   82
   Die Beziehung zu den Brüdern   4,11-12   89
   Mit oder ohne Gott leben   4,13-17   92

Das Wort an die Gottlosen   5,1-6   95
   Das Gericht der Gottlosen   5,1-3a   96
   Vier Vorwürfe an die Gottlosen   5,3b-6   97

Das Wort an die Glaubenden   5,7-20   99
   Wartet geduldig auf den Herrn!   5,7-12   100
   Nutzt die göttlichen Hilfsquellen!   5,13-15   105
   Seid offen zueinander!   5,16-18   109
   Bedeckt eine Menge von Sünden!   5,19-20   111

Einleitende Gedanken zu Jakobus und seinem Brief

Seine Person

Der inspirierte Schreiber nennt sich Jakobus, Knecht Gottes und des Herrn Jesus Christus (Kap. 1,1). Dieser Jakobus war – wie wir stark vermuten und eigentlich überzeugt sind – der Bruder des Herrn Jesus. Er ist mit dem Jakobus identisch, der sowohl in der Apostelgeschichte als auch im Galater-Brief wiederholt erwähnt wird (Apg 12,17; Gal 1,19). Wir kommen aus zwei Gründen zu dieser Gewissheit:

- Erstens war dieser Jakobus, obwohl er ein Christ war, wegen seiner Herkunft noch stark mit dem Judentum verbunden (Apg 21,18-20; Gal 2,12).
- Zweitens erkennen wir, dass er eine starke, führende Persönlichkeit war (Apg 15,13; Gal 2,9).

Beim Lesen des Jakobus-Briefs bekommen wir den Eindruck, dass diese beiden Eigenschaften den Schreiber kennzeichneten.

Jakobus stand bewusst auf dem Boden der neuen Schöpfung (Kap. 1,18) und wusste, dass der Geist Gottes in ihm wohnte (Kap. 4,5). Das sind zwei typische Merkmale eines Christen.

Jakobus nennt sich *Knecht* Gottes, weil er wünschte, Gott in allem zu gehorchen. Zudem fällt uns auf, dass er von sich nicht als vom Bruder des Herrn Jesus, sondern vom Knecht des Herrn Jesus spricht. Für ihn war Christus *«der Herr»*. Ist das nicht ein Ausdruck seiner Demut? So stellt uns Jakobus die beiden grossen Grundzüge echter Gottesfurcht vor: Gehorsam zu Gott – mit einem demütigen Herzen.

Sein Leben

Über sein Leben erfahren wir aus anderen Bibelstellen einiges:

In Johannes 7,5 heisst es: «Auch seine Brüder glaubten nicht an ihn.» Jakobus war zur Zeit, als Jesus Christus auf der Erde lebte und Gott diente, ungläubig. Aber nach dem Tod und der Auferstehung unseres Herrn hielt er sich bei den Aposteln und den Glaubenden auf (Apg 1,14). Der Tod und die Auferstehung unseres Herrn mussten der Anlass gewesen sein, dass Jakobus und seine Brüder zum Glauben kamen.

Aus Galater 2,9 wird deutlich, dass Jakobus wie Petrus und Johannes unter den Glaubenden in Jerusalem als Säule angesehen wurde. Als es in Apostelgeschichte 15 um die Frage des Verhaltens der Gläubigen aus den Heiden ging, nahm Jakobus eine besondere Stellung ein. Zunächst redete der Apostel Petrus, dann berichteten Barnabas und Paulus. Das Schlusswort hielt Jakobus. Er stellte in einer ausgewogenen Weise den Willen Gottes in dieser Sache vor und machte damit der Diskussion ein Ende. Daraus wird deutlich, dass Jakobus am Anfang des christlichen Zeugnisses eine wichtige Position einnahm und eine starke Rolle spielte.

Sein Brief

Auf dem Brief von Jakobus liegt ein grosser Ernst und eine gewisse Strenge. Wenn er etwas verurteilen muss, dann gebraucht er deutliche Worte. Weil er das praktische Leben anspricht, fehlt es auch an Ermahnungen nicht.

Jakobus schreibt an die zwölf Stämme (Kap. 1,1), er hat also das ganze Volk Israel vor sich. Trotzdem unterscheidet er zwischen einzelnen Gruppen von Menschen innerhalb des Volkes:

- Er kannte solche, die *echte Christen* waren. Diese spricht er mit «meine Brüder» an (Kap. 1,2).

- Aber er wusste, dass es im Volk Israel auch solche gab, die nur *formell Christen* waren. Sie hatten sich nie wirklich bekehrt. Darum nennt er sie «nichtige Menschen» (Kap. 2,20) und erklärt ihnen: Leben aus Gott und echter Glaube müssen durch Werke des Glaubens bewiesen werden.

Einleitende Gedanken zu Jakobus und seinem Brief

- Schliesslich spricht er solche an, die *völlig gottlos* lebten. Er nennt sie die «Reichen» (Kap. 5,1) und hat eine sehr ernste Botschaft an sie.

Manchmal spricht er eine dieser drei Gruppen direkt an. Es kommt aber auch vor, dass er allgemeine Aussagen macht und dabei an alle drei Gruppen denkt.

Sein Thema

Damit wir den Brief von Jakobus richtig verstehen, ist es wichtig, sein Hauptthema zu erkennen. Es geht ihm immer um *praktisches Glaubensleben,* und zwar ein solches, das sowohl auf dem Boden des Judentums wie auch auf dem Boden des Christentums gelebt werden konnte. Er hat ja seinen Brief in der Übergangszeit von der jüdischen zur christlichen Zeit geschrieben. Darum spricht er nicht vom praktischen *Christenleben,* sondern vom praktischen *Glaubensleben,* das in allen Zeiten verwirklicht werden kann. Das ist der rote Faden seines Briefs.

Wir finden in 2. Timotheus 1,5 ein treffendes Beispiel dazu. Dort werden drei Generationen erwähnt, die einen ungeheuchelten Glauben hatten:

- Lois, die Grossmutter von Timotheus, die wahrscheinlich noch auf jüdischem Boden stand,
- Eunike, seine Mutter, und
- Timotheus, von dem wir wissen, dass er ein Christ war.

Einleitende Gedanken zu Jakobus und seinem Brief

Alle drei legten in verschiedenen Zeiten und Umständen echtes Gottvertrauen an den Tag.

Dieses praktische Glaubensleben möchte Jakobus mit seinem Brief fördern. Um dieses Ziel zu erreichen, nimmt er jüdische und christliche Elemente und erklärt damit, was er sagen möchte. Manchmal spricht er von der Synagoge, ein anderes Mal von der Versammlung. Aus beiden Gebieten nimmt er Beispiele, um den praktischen Glauben konkret darzustellen.

Jakobus bezieht sich mehrmals auf das Leben des Herrn Jesus auf der Erde, das er selbst aus nächster Nähe betrachtet hat. Er war damals noch ungläubig und verstand das Verhalten des Herrn Jesus nicht (Joh 7,3-9). Aber nachdem er zum Glauben gekommen war, erkannte er: Das Leben von Jesus Christus ist das grosse Vorbild für praktisches Glaubensleben. Diese Tatsache macht klar, wie gut es ist, den Kindern schon vor ihrer Bekehrung vom Herrn Jesus zu erzählen. Es wird ihnen später, wenn sie an Ihn glauben, von grossem Nutzen sein.

Das Erlösungswerk unseres Herrn erwähnt er in diesem Brief hingegen nicht, setzt aber die Kenntnis davon voraus.

Jakobus spricht auch vom Kommen des Herrn in der Zukunft. Er hat aber nicht die Entrückung vor Augen, sondern das Kommen in Macht und Herrlichkeit. Damit appelliert er an das Gewissen und zeigt uns unsere Verantwortung vor dem Herrn.

Fazit

Obwohl Jakobus das Volk Israel anspricht und Glaubende vor sich hat, die in einer Übergangszeit vom jüdischen zum christlichen Heilszeitalter lebten, richtet sich seine Botschaft direkt an uns. Denn auch in der christlichen Periode – wie zu allen anderen Zeiten – ist praktisches Glaubensleben von grösster Bedeutung.

Versuchungen von aussen

Kapitel 1,1-12

Vers 1. Jakobus, Knecht Gottes und des Herrn Jesus Christus, den zwölf Stämmen, die in der Zerstreuung sind, seinen Gruss!

Der erste Vers stellt – wie wir bereits in der Einleitung gesehen haben – den Schreiber und die Empfänger des Briefs vor.

Danach behandelt Jakobus in den Versen 2 bis 12 die Versuchungen von *aussen,* die an die Glaubenden herantreten. Es sind Erprobungen, die Gott uns sendet, um in unserem Leben ein gesegnetes Ergebnis zu seiner Ehre zu bewirken.

Versuchungen von aussen

Die Art der Prüfung

Vers 2. Haltet es für lauter Freude, meine Brüder, wenn ihr in mancherlei Prüfungen fallt, ...

Der Ausdruck «mancherlei Prüfungen» zeigt an, dass die Erprobungen sehr unterschiedlich sein können. Da trifft uns zum Beispiel eine Krankheit, ein Problem im Berufsleben, eine Not in der Familie, eine Schwierigkeit in der örtlichen Versammlung oder im Dienst für den Herrn. Alle diese Prüfungen kommen von aussen an uns heran.

Wir «fallen» in sie hinein. Das macht einerseits klar, dass es sich nicht um Bagatellen handelt, sondern um schwere Erprobungen, die unser Leben völlig verändern können. Anderseits zeigt dieses «Fallen» auch, dass wir diese Prüfung trotz unserer Intelligenz und unserer menschlichen Kraft nicht verhindern können. Wir können ihr nicht ausweichen. Im Gegenteil! Wir fallen unaufhaltsam in sie hinein.

Trotzdem sollen wir uns freuen. Wie ist das zu verstehen? Sollen wir uns über die Schwierigkeit freuen? Nein, darum geht es nicht. Gott weiss, dass uns die Prüfung, die Er uns auferlegt hat, Mühe macht. Da wäre es unnüchtern, wenn wir Freude daran haben müssten. Aber Er möchte, dass wir uns an den Ergebnissen freuen, die der Herr zu seiner Ehre aus der Erprobung hervorbringt. Das macht Vers 3 deutlich, der uns mit dem Gedanken des Resultats die Begründung für die Freude liefert.

Jakobus 1,2-4

Das Ergebnis der Prüfung

Vers 3. ... da ihr wisst, dass die Bewährung eures Glaubens Ausharren bewirkt.

Die «Bewährung» unseres Glaubens wird in schwierigen Zeiten und in beschwerlichen Situationen sichtbar. Denn es wird klar, was in unserem Leben positive menschliche Eigenschaften sind und was von Gott durch seinen Geist gewirkt ist. Oft denken wir noch viel zu gut von uns selbst. Wenn wir freundlich, gütig oder beherrscht sind, bilden wir uns leicht ein, dass dies eine Frucht unseres Glaubens ist. Vielleicht ist es jedoch nur unsere gute Erziehung oder unser freundliches Wesen. Wenn schwere Erprobungen kommen, fallen die positiven menschlichen Eigenschaften meistens wie eine Maske ab. Gleichzeitig wird sichtbar, was Gott durch seinen Geist in unserem Leben wirken konnte.

Eine Prüfung dauert oft lange. Denn es ist Gottes Absicht, dass wir lernen, darin auszuharren. Wenn es im Leben schwer wird, möchten wir am liebsten davonlaufen oder einen menschlichen Ausweg aus der Schwierigkeit suchen. Aber Gott lässt die Not andauern, damit wir darunter bleiben und auf Ihn warten.

Vers 4. Das Ausharren aber habe ein vollkommenes Werk, damit ihr vollkommen und vollendet seid und in nichts Mangel habt.

Versuchungen von aussen

Das Ausharren hat dann ein vollkommenes Werk, wenn es bis zum Ende der Prüfung anhält. Wir finden in der Bibel viele Beispiele von Glaubenden, die ausgeharrt haben, aber leider nicht alle bis zum Ende.

Wir denken besonders an *Abjathar.* Er gesellte sich zu David, als dieser wie ein Verbannter von Saul über die Berge Israels gejagt wurde. Er erduldete mit David die Strapazen dieser Verfolgung, teilte mit ihm auch die Verwerfung, als Absalom sich zum Thronräuber aufspielte. Über 40 Jahre stand Abjathar treu zu David. Aber am Ende seines Lebens verliess er ihn und ergriff für Adonija Partei (1. Kön 1,7). Sein Ausharren war nicht vollkommen.

Nur beim Herrn Jesus hatte das Ausharren ein vollkommenes Werk. Trotz Schwierigkeiten stellte Er sich immer unter den Willen Gottes und vertraute Ihm allezeit.

Wir sind «vollkommen und vollendet», wenn wir unseren Eigenwillen aufgeben und bereit sind, den Willen Gottes für uns anzunehmen. Das ist eine Lektion, die wir nicht so schnell lernen, aber es ist Gottes Ziel mit uns in der Erprobung. Er möchte, dass wir ein «Ja» zu seinen Wegen mit uns haben.

Wenn wir das gelernt haben, kommen wir innerlich bei Gott zur Ruhe. Trotz der Schwierigkeiten haben wir keinen «Mangel», weil wir erkennen: Beim Herrn bekommen wir alles, was wir brauchen. Dieser Gedankenverlauf wird in Psalm 131 mit dem Prozess der Entwöhnung veranschaulicht. Aus dem biblischen Bericht über Isaak und Samuel wissen wir: In der damaligen Zeit erfolgte das Entwöhnen eines Kindes von der Muttermilch später als heute und war ein schwieriger Prozess. Wenn man die Muttermilch absetzte, wurde das kleine Kind unruhig und unzufrieden. Die Mutter durfte nicht nachgeben, bis das Kind sich in die neue Situation geschickt hatte. «Habe ich meine Seele nicht beschwichtigt und still gemacht? Wie ein entwöhntes Kind bei seiner Mutter, wie das entwöhnte Kind ist meine Seele in mir» (Ps 131,2). So bewirkt Gott durch eine anhaltende Prüfung, dass wir unseren Widerstand gegen sein Handeln aufgeben und bei Ihm zur Ruhe kommen.

Versuchungen von aussen

Die Weisheit für die Prüfung

Vers 5. Wenn aber jemand von euch Weisheit mangelt, so erbitte er sie von Gott, der allen willig gibt und nichts vorwirft, und sie wird ihm gegeben werden.

Wenn wir in schwierige Situationen kommen, haben wir unbedingt göttliche Weisheit nötig, damit wir in der Prüfung den Gott gemässen Weg finden und uns richtig verhalten.

Jakobus legt in seinem Brief eine gewisse Strenge an den Tag, verliert dabei aber nie sein Taktgefühl. Er hätte sagen können: «Euch allen mangelt Weisheit!» Das wäre wahr gewesen, aber für einen geprüften Christen zu direkt ausgedrückt. Mit Einfühlungsvermögen leitet er seine Aufforderung ein: «Wenn jemand Weisheit mangelt.» So ahmt er seinen Herrn nach, der den Not leidenden Menschen immer taktvoll begegnet ist.

Wenn wir merken, dass uns Weisheit fehlt, sind wir innerlich für den nächsten Schritt bereit: «Er bitte von Gott.» Das Gebet ist ein elementares Kennzeichen eines glaubenden Menschen (Apg 9,11). Aber erst in schweren Prüfungen lernen wir, ernst und ausdauernd zu beten. Weil die Not unsere eigenen Möglichkeiten bei weitem übersteigt, rufen wir mit Ausharren zum Herrn.

Dann erfahren wir, dass Gott uns Weisheit für die schwierige Situation gibt. Wenn Er uns Weisheit schenkt, kennzeichnen Ihn dabei drei Eigenschaften:

- Er gibt «allen willig». Aus der Freude seines Herzens schenkt Gott uns Weisheit, denn Er ist *freigebig*.
- Er «wirft nichts vor». Gott verbindet die Erhörung unseres Gebets nicht mit einem Vorwurf, denn Er ist *verständnisvoll*.
- Sie wird «ihm gegeben werden». Das ist eine göttliche Zusicherung. Gott hält, was Er verspricht, denn Er ist *treu*.

Verse 6-8. Er bitte aber im Glauben, ohne irgend zu zweifeln; denn der Zweifelnde gleicht einer Meereswoge, die vom Wind bewegt und hin und her getrieben wird. Denn jener Mensch denke nicht, dass er etwas von dem Herrn empfangen wird; er ist ein wankelmütiger Mann, unstet in allen seinen Wegen.

Jakobus fordert uns auf, mit Gottvertrauen zu beten. Wir haben dann Gottes Allmacht im Blickfeld und trauen Ihm alles zu. Das macht uns ruhig.

Der Zweifelnde hingegen blickt auf die Umstände und leitet alles davon ab. Wenn die Situation gut ist, geht es ihm entsprechend besser. Wenn sich seine Lage verschlechtert, versinkt er im Elend. In seinem geistlichen Leben geht es auf und ab. Wer sich so von den Umständen leiten lässt, ist ein wankelmütiger Mensch und kann nicht mit einer Gebetserhörung rechnen.

Versuchungen von aussen

Zwei verschiedene Situationen

Die Verse 9 bis 11 zeigen zwei verschiedene Lebensumstände. Jakobus spricht einerseits vom armen («der niedrige») und anderseits vom reichen Bruder. Der soziale Stand und die Lebenssituation sind unterschiedlich, aber beide erfahren die Erprobung des Glaubens.

Verse 9.10a. Der niedrige Bruder aber rühme sich seiner Hoheit, der reiche aber seiner Erniedrigung; ...

Es gibt hohe und niedrige, arme und reiche Glaubende. Keiner wird von Prüfungen verschont.

Der sozial tiefer stehende Glaubende hat es in Prüfungen besonders schwer. Er steht in Gefahr, mutlos zu werden. Doch er darf sich seiner Hoheit rühmen. Zum einen hat er eine persönliche Beziehung zum Herrn, der sich nicht schämt, ihn Bruder zu nennen (Mk 3,34.35). Zum anderen steht er in einem wunderbaren Verhältnis zu Gott. Der Allmächtige ist sein himmlischer Vater, der seine Bedürfnisse kennt. Ihm darf er vertrauen (Mt 6,31.32). Beides macht die Hoheit oder den geistlichen Adel des armen Bruders aus.

Der reiche Glaubende ist nicht durch sein Geld und seine soziale Stellung zum Herrn gekommen. Um mit Gott in Verbindung zu treten, musste er sich erniedrigen und erkennen, dass seine irdische Stellung und sein materieller Besitz für die Errettung völlig wertlos sind

(Mk 10,15; Lk 14,33). Das ist seine Erniedrigung. Wenn er geprüft wird, soll er sich daran erinnern und Gott vertrauen, anstatt auf seinen Reichtum zu bauen.

Verse 10b.11. ... denn wie des Grases Blume wird er vergehen. Denn die Sonne ist aufgegangen mit ihrer Glut und hat das Gras verdorren lassen, und seine Blume ist abgefallen, und die Zierde seines Ansehens ist verdorben; so wird auch der Reiche in seinen Wegen verwelken.

Mit einem Beispiel aus der Natur wird der Reiche daran erinnert, dass sein Leben im Reichtum so schnell vergehen kann, wie das Gras in der Sonne verdorrt. Wie unsicher und unbeständig ist doch der Status des Reichen! Darum soll der Glaubende nicht auf irdischen Besitz vertrauen (1. Tim 6,17).

Die Belohnung

Vers 12. Glückselig der Mann, der die Prüfung erduldet! Denn nachdem er bewährt ist, wird er die Krone des Lebens empfangen, die er denen verheissen hat, die ihn lieben.

Ein Glaubender, der gelernt hat, die Erprobung von Gott anzunehmen, und darin ausharrt, wird glückselig genannt. Er bejaht Gottes Handeln mit sich in der Prüfung. Das macht sein Herz friedevoll und glücklich.

Versuchungen von aussen

«Nachdem er bewährt ist» – also nachdem Gott mit ihm in der Prüfung zum Ziel gekommen ist – empfängt er die Krone des Lebens. Kronen sind im Wort Gottes meistens eine Auszeichnung für Treue:

- Wer sich für die Herde Gottes einsetzt, erhält die unverwelkliche Krone der Herrlichkeit (1. Pet 5,1-4).
- Wer den christlichen Glauben bewahrt, bekommt die Krone der Gerechtigkeit (2. Tim 4,7.8).
- Wer in schwierigen Umständen ausharrt, empfängt die Krone des Lebens (V. 12; Off 2,10).

An der Tour de Suisse radeln die Rennfahrer mehrere Tage quer durch die Schweiz. Sieger wird der, der das Ziel am schnellsten erreicht. Neben dem Gesamtsieg gibt es aber noch eine besondere Auszeichnung: den Bergpreis! Diese Belohnung bekommt jener Fahrer, der die steilen Strecken am schnellsten überwunden hat. Mit diesem Bergpreis können wir die Krone des Lebens vergleichen. Der Herr hat für jeden, der auf den steilen Strecken des Glaubensweges nicht aufgibt, sondern in der Prüfung bei Ihm ausharrt, eine spezielle Belohnung bereit. Wir empfangen sie am Richterstuhl des Christus, am Ort der Vergeltung.

Zum Abschluss dieses Themas weist Jakobus auf die Motivation für Treue und Ausharren in der Prüfung hin: Es ist unsere Liebe zum Herrn Jesus. In dem Mass, wie wir Ihn lieben, bekommen wir Kraft, mit der richtigen Einstellung in schweren Umständen durchzuhalten.

Jakobus 1,13-18

Versuchungen von innen

Kapitel 1,13-18

Es gibt verschiedene Arten von Versuchungen im Leben des Glaubenden. In den Versen 2-12 handelt es sich um die Versuchung von aussen, die Gott uns zu unserem Segen und zu seiner Verherrlichung schickt. In den Versen 13-15 geht es um Versuchungen von innen, die aus dem menschlichen Herzen kommen. Es ist interessant, dass der inspirierte Schreiber diesen Unterschied im Verlauf des Textes nicht direkt erklärt. Aber der gedankliche Zusammenhang dieses Kapitels und das Verständnis anderer Bibelstellen zu diesem Thema machen klar, dass es sich in diesen beiden Abschnitten nicht um dasselbe handelt.

Auf diese Weise teilt Gott uns die Wahrheit in der Bibel mit. Darum genügen rein textliche und intellektuelle Überlegungen nicht, um Gottes Gedanken zu verstehen. Nur durch den Glauben und durch den Heiligen Geist, der in uns wohnt (Kap. 4,5), können wir sein Wort erfassen. Denn nicht durch den Verstand glauben wir, sondern durch Glauben verstehen wir (Heb 11,3).

Die eigene Begierde

Vers 13. Niemand sage, wenn er versucht wird: Ich werde von Gott versucht; denn Gott kann nicht versucht werden vom Bösen, er selbst aber versucht niemand.

Wenn wir von innen zu einer sündigen Tat oder einem bösen Wort versucht werden, kommt das nie von Gott. Jakobus begründet es zweifach:

- Gott kann vom Bösen nicht versucht werden, denn Er ist in seinem Wesen heilig, d. h. unantastbar von der Sünde. Das trifft auch auf den Herrn Jesus zu, der Mensch wurde, aber Gott geblieben ist. Sünde ist nicht in Ihm und das Böse kann Ihn nicht antasten (1. Joh 3,5).

- Gott versucht niemand zur Sünde. Die Regungen des Bösen im Menschen kommen niemals von Gott, sondern aus dem menschlichen Herzen (Mk 7,21). Wenn sich beim Menschen das Böse zeigt, neigt er dazu, die Schuld dafür auf andere zu schieben. So handelte schon Adam nach dem Sündenfall: «Die Frau, die du mir beigegeben hast, *sie* gab mir von dem Baum, und ich ass» (1. Mo 3,12). Damit schob er in einem Satz Gott und seiner Frau die Schuld für seinen Ungehorsam zu. Aber Gott ist nie schuld, wenn wir sündigen. Nein, es kommt aus unserem Herzen, darum sind wir immer selbst voll dafür verantwortlich.

Verse 14.15. Jeder aber wird versucht, wenn er von seiner eigenen Begierde fortgezogen und gelockt wird.

Jakobus 1,13-15

Danach, wenn die Begierde empfangen hat, gebiert sie die Sünde; die Sünde aber, wenn sie vollendet ist, gebiert den Tod.

Die Versuchung zur Sünde kommt aus dem Herzen des Menschen hervor. Jakobus nennt es die «Begierde», die uns zieht und lockt. Paulus spricht von der in uns wohnenden Sünde (Röm 7,17). Wenn diese Begierde uns zu einer sündigen Tat verleiten möchte, dann haben wir noch nicht gesündigt. Es ist nur der Beweis, dass die Sünde in uns wohnt. Aber wenn wir dieser Begierde nachgeben, entstehen Sünden. So erklärt es uns Jakobus hier: «Wenn die Begierde empfangen hat, gebiert sie die Sünde», d. h. dann sündigen wir.

Wenn ich zum Beispiel von jemand beleidigt werde, dann habe ich den Wunsch in mir, die Beleidigung zu erwidern und verbal zurückzuschlagen. Dieser Wunsch in mir ist der Beweis, dass die Sünde noch in mir ist. Aber wenn ich diesen Wunsch in meinen Gedanken weiter pflege und darüber nachdenke, wie ich es dem andern heimzahlen könnte, mache ich mich schuldig und sündige in Gedanken. Wie schnell sinkt dann dieser Gedanke zehn Zentimeter tiefer und kommt zum Mund heraus. Dann sündige ich mit Worten. Manchmal werden auch die Hände aktiv, indem ich sündige Taten vollbringe, oder sogar die Füsse, wenn ich sündige Wege gehe.

Sobald wir also der Begierde nachgeben, entstehen Sünden – in Gedanken, in Worten, in Taten und auf unseren Wegen. Die Folge davon ist der Tod, denn wenn die

Versuchungen von innen

Sünde vollendet ist, «gebiert sie den Tod». Diese Konsequenz hat drei Aspekte:

1) Es wird hier auf die grundsätzliche Aussage von 1. Mose 2,17 Bezug genommen: Wer Gott ungehorsam ist und gegen Ihn sündigt, muss sterben. Das bedeutet, dass er auf einen Weg kommt, der im Tod endet.

2) Es gibt Sünde, die direkt zum leiblichen Tod führt. Wenn Gott durch ein Vergehen – auch im Leben eines Erlösten – schlimm verunehrt wird, dann kann es sein, dass Er sagt: Diesen Menschen nehme ich von der Erde weg. Ein Bespiel dafür sind Ananias und Sapphira (Apg 5,1-11). Weitere Hinweise auf die Sünde zum Tod finden wir in 1. Korinther 11,30 und in 1. Johannes 5,16.17. Ein Glaubender, der eine Sünde zum Tod begangen hat, geht aber nicht verloren. Ein Beweis dafür ist das Wort «entschlafen» in 1. Korinther 11,30, das in der Bibel für den Tod der Erlösten benutzt wird.

3) Sünde führt zum geistlichen Tod. Wenn wir sündigen, wird die praktische Gemeinschaft mit dem Herrn Jesus gestört. Wir haben kein Teil mehr *mit Ihm* (Joh 13,8). Sünden machen uns zudem geistlich kraftlos, denn sie «streiten gegen die Seele» (1. Pet 2,11). Es entsteht ein geistlich toter Zustand. Glücklicherweise steht uns immer die Möglichkeit offen, dem Herrn die Sünde zu bekennen. Dann können wir wieder ungestört Gemeinschaft mit Ihm geniessen.

Jakobus 1,16-17

Alles Gute kommt von oben

Wir haben in den Versen 13-15 gesehen, dass das Böse in unserem Leben nicht von Gott kommt, sondern seine Quelle in unserer Begierde hat. Jetzt geht es um den Ursprung des Guten.

Verse 16.17. Irrt euch nicht, meine geliebten Brüder! Jede gute Gabe und jedes vollkommene Geschenk kommt von oben herab, von dem Vater der Lichter, bei dem keine Veränderung ist noch der Schatten eines Wechsels.

Wenn Jakobus hier unsere Überlegungen korrigieren muss, dann erinnert er uns zuerst daran, dass wir von Gott geliebt sind. Aber dann erklärt er uns deutlich: Wir sollen uns nicht irren, das Gute in unserem Leben kommt nicht aus uns selbst, sondern von Gott.

Wenn es eine gute Gabe gibt, dann kommt sie von oben, von Gott selbst herab. Er hat uns so vieles geschenkt:

- *Seinen Sohn.* Darauf bezieht sich Paulus, wenn er sagt: «Gott sei Dank für seine unaussprechliche Gabe!» (2. Kor 9,15).
- *Seinen Geist.* Davon spricht der Herr im Bild zu der Frau in Sichar: «Wenn du die Gabe Gottes kenntest.» Dieses Geschenk ist der Heilige Geist, den alle Glaubenden empfangen (Joh 4,10; 7,39).
- *Sein Wort.* Der Sohn betete zum Vater: «*Ich* habe ihnen dein Wort gegeben» (Joh 17,14).

Versuchungen von innen

Was von Gott kommt, ist nicht nur eine Gabe, sondern auch ein «vollkommenes Geschenk». Es ist *vollkommen,* weil es von Gott kommt, denn Er gibt nichts Mangelhaftes. Es ist ein *Geschenk,* weil Er aus der Freude seines Herzens gibt. Man *gibt* mit den Händen, aber man *schenkt* mit dem Herzen.

Gott wird hier «der Vater der Lichter» genannt. Er, der dreieine Gott, ist der Ursprung jedes Lichts. Er ist selbst Licht (1. Joh 1,5), Er wohnt im Licht (1. Tim 6,16) und Er gibt Licht (Joh 1,4). Er hat das natürliche Licht erschaffen (1. Mo 1,3). Er schenkt auch geistliches Licht, damit wir seine Gedanken verstehen. Das ist eine grosse Gnade.

Bei Gott gibt es keine Veränderung, nicht die kleinste Spur eines Wechsels. Er ist gestern, heute und ewig derselbe. Das macht uns in den Wechselfällen des Lebens ruhig. Sein Handeln mit uns ist immer gut (Röm 8,28). Es gibt darin keinen Wechsel und es fällt kein Schatten darauf. Im Vertrauen auf diese Tatsache sagen wir anbetend: Wo ist ein solcher Gott wie Du?

Vers 18a. Nach seinem eigenen Willen hat er uns durch das Wort der Wahrheit gezeugt, ...

In diesem Vers wird nun doch etwas Gutes in uns erwähnt: das neue Leben. Aber auch das ist von Gott gekommen. Er hat uns gezeugt und so das neue Leben in uns geschaffen. Das tat Er «nach seinem eigenen Willen». Es entsprang seiner bestimmten göttlichen Absicht, so zu handeln, obwohl Er wusste, was wir von Natur aus

Jakobus 1,18

waren. Durch das Wort der Wahrheit hat Er in uns die Neugeburt bewirkt und uns ewiges Leben geschenkt.

«Wahrheit» können wir wie folgt definieren: Sie ist der Ausdruck dessen, was eine Sache in sich selbst ist. Das «Wort der Wahrheit» ist das Wort Gottes und damit der Ausdruck der Person und des Willens Gottes. Der Vater selbst wird nie die Wahrheit genannt, weil Er sich nicht selbst offenbart. Aber der Sohn, der Geist und das Wort werden so bezeichnet (Joh 14,6; 1. Joh 5,6; Joh 17,17). Der Vater offenbart sich im Sohn durch die Kraft des Geistes und auf der Grundlage seines Wortes.

Vers 18b. ... damit wir eine gewisse Erstlingsfrucht seiner Geschöpfe seien.

Hier geht es um die neue Schöpfung. Sie begann mit der Auferstehung unseres Herrn. In Kolosser 1,18 erklärt der Apostel, dass der Herr Jesus «der Anfang ist, der Erstgeborene aus den Toten». Christus stellt sich in Offenbarung 3,14 selbst vor als «der Anfang der Schöpfung Gottes». Beide Bibelstellen weisen darauf hin, dass Jesus Christus als der Auferstandene der Anfang der neuen Schöpfung ist. Aber Er bleibt nicht allein. Alle Glaubenden der Zeit der Gnade sind die ersten Früchte dieser neuen Schöpfung. «Wenn jemand in Christus ist, da ist eine neue Schöpfung» (2. Kor 5,17). Sie gehören dem Geist nach bereits zur neuen Schöpfung, obwohl ihr Körper noch Teil der ersten Schöpfung ist.

Die neue Schöpfung wird sich nach dem Tausendjährigen Reich im ewigen Zustand voll entfalten (2. Pet 3,13; Off 21,1). Dann werden auch alle Erlösten, die vor der

Versuchungen von innen

Gnadenzeit gelebt haben oder danach leben werden, zur neuen Schöpfung gehören. Zudem wird Gott neue Himmel und eine neue Erde machen. Damit wird das Universum ebenfalls Teil der neuen Schöpfung sein. Dann wird sich das Wort Gottes erfüllen: «Siehe, ich mache alles neu» (Off 21,5). Wir sind also dem Geist nach schon jetzt ein Teil der neuen Schöpfung. Aber unser Körper gehört noch der ersten Schöpfung an und unser irdisches Leben spielt sich noch auf dem Schauplatz der ersten Schöpfung ab.

Als zur neuen Schöpfung gehörend haben alle Erlösten, Männer und Frauen, die gleichen Möglichkeiten der Gemeinschaft mit Gott (Gal 3,28). Aber weil der Körper noch zur ersten Schöpfung zählt, können wir noch krank werden. Wir werden älter und – wenn der Herr nicht vorher kommt – gehen wir noch durch den Tod. Unser ganzes Leben (Ehe, Familie, Arbeit, Zusammenkommen als Versammlung, Werk des Herrn) spielt sich auf dem Schauplatz der ersten Schöpfung ab. Darum gelten jetzt noch in allen Lebensbereichen die göttlichen Grundsätze der ersten Schöpfung.

Wir möchten das an einem Beispiel deutlich machen: Wenn wir zum Brotbrechen zusammenkommen, können ausnahmslos alle Erlösten Gott in ihren Herzen anbeten, weil sie alle dem Geist nach der neuen Schöpfung angehören. Aber der Herr will, dass nur die Männer sich öffentlich beteiligen, weil in der ersten Schöpfung der Mann das Haupt der Frau ist (1. Kor 11,3). Daraus leitet sich die biblische Anweisung ab: «Die Frauen sollen schweigen in den Versammlungen» (1. Kor 14,34).

Jakobus 1,19-27

Hören und Tun

Kapitel 1,19-27

Wir können in diesem Abschnitt drei Schwerpunkte erkennen, wobei jeder Gedanke an den vorherigen anschliesst:

- Die Verse 19-21 zeigen uns, wie wichtig das *Hören* des Wortes Gottes ist.

- Die Verse 22-25 ermahnen uns, das Wort Gottes *richtig zu hören,* nämlich mit der festen Absicht, das Gehörte auch zu verwirklichen.

- Schliesslich werden uns in den Versen 26 und 27 drei Kennzeichen eines praktischen, Gott wohlgefälligen Lebens vorgestellt.

Hören und Reden

Wenn Jakobus uns jetzt praktische Ermahnungen gibt, knüpft er an die vorherigen Mitteilungen an. Einerseits stehen wir in Gefahr, durch die Begierde in uns zur Sünde versucht zu werden. Anderseits wissen wir, dass alles Gute von Gott kommt. Darum ist ein offenes Ohr viel wichtiger als ein offener Mund.

Vers 19. Daher, meine geliebten Brüder, sei jeder Mensch schnell zum Hören, langsam zum Reden, langsam zum Zorn.

In diesem Vers werden wir auf dreierlei hingewiesen:

a) *Sei schnell zum Hören!* Aus Vers 22 erkennen wir, dass Jakobus das Hören des Wortes Gottes meint. Dass dies sehr wichtig ist, unterstreicht auch der Appell des Herrn an alle sieben Versammlungen in der Offenbarung: «Wer ein Ohr hat, höre!» Dieser Ruf gilt auch uns, denn wir haben alle Schwierigkeiten damit. Öffnen wir unsere Ohren wirklich für die Stimme Gottes? Dieses Problem war schon immer aktuell. In Jeremia 6,10 lesen wir vom Volk Israel: «Siehe, ihr Ohr ist unbeschnitten, und sie können nicht aufmerksam zuhören.» Stephanus muss seinen Zuhörern den Vorwurf machen: «Ihr Halsstarrigen und Unbeschnittenen an Herz und Ohren!» (Apg 7,51). Es fehlte ihnen an der inneren Bereitschaft, auf Gott zu hören. Unser Herr Jesus war da ganz anders, als Er hier lebte. In Jesaja 50,4 hören wir Ihn prophe-

Jakobus 1,19

tisch reden: «Er weckt jeden Morgen, er weckt mir das Ohr, damit ich höre wie solche, die belehrt werden.» Wir wollen von Ihm lernen, aufmerksam auf das zu hören, was Gott uns durch sein Wort mitteilt.

b) *Sei langsam zum Reden!* Neben der Bereitschaft zum Hören ist auch eine Zurückhaltung beim Reden wichtig. Dabei geht es vor allem darum, nicht schnell ein Urteil über andere auszusprechen. In Kapitel 3,1 wird dieser Gedanke nochmals angesprochen: «Seid nicht viele Lehrer.» Wir neigen dazu, immer genau zu wissen, was andere falsch machen. Doch wir werden hier ermahnt, zurückhaltend zu sein und unsere Meinung nicht voreilig mitzuteilen. Vielleicht irren wir uns ja!

c) *Sei langsam zum Zorn!* Warum? Weil Gott so ist: «Barmherzig und gnädig, langsam zum Zorn und gross an Güte» (2. Mo 34,6). Trotzdem hält Er den Ungerechten nicht für gerecht und wird seinen Zorn über den Sünder bringen. Es heisst hier nicht, dass wir überhaupt nicht zürnen sollen, denn es gibt Gelegenheiten, wo heiliger Zorn durchaus angebracht ist. Wann denn? Wenn die Ehre Gottes angegriffen wird. So werden wir in Epheser 4,26 aufgefordert, zu zürnen, aber dabei nicht zu sündigen. Jesus Christus ist uns auch darin das vollkommene Vorbild. Als die Pharisäer in der Synagoge sich gegen Gottes Güte stellten und nicht wollten, dass der Herr den Mann mit der verdorrten Hand heilte, «blickte er auf sie umher mit Zorn, betrübt über die Verstocktheit ihres Herzens» (Mk 3,5).

Hören und Tun

Vers 20. Denn eines Mannes Zorn wirkt nicht Gottes Gerechtigkeit.

Jakobus gibt noch einen weiteren Grund an, warum wir langsam zum Zorn sein sollen. Er weiss, wie schnell unser Zorn fleischlich ist und wir aus Wut reden oder handeln. Das wäre nicht recht vor Gott. Fleischlicher Zorn ist sowohl bei Männern als auch bei Frauen zu verurteilen. Aber Männer stehen besonders in Gefahr, sich dazu hinreissen zu lassen. Darum werden sie hier direkt angesprochen.

Vers 21. Deshalb legt ab alle Unsauberkeit und alles Überfliessen von Schlechtigkeit, und nehmt mit Sanftmut das eingepflanzte Wort auf, das eure Seelen zu erretten vermag.

Jakobus warnt uns hier einerseits vor Unsauberkeit. Das ist die Beschmutzung durch Sünden in unserem Inneren. Anderseits sollen wir das Überfliessen von Schlechtigkeit ablegen. Das sind Sünden, die vor allem durch unser Reden nach aussen treten. Wir erkennen darin einen Zusammenhang: Wenn wir im Herzen sündige Gedanken nähren, kommen sie bald durch böse Worte oder vielleicht durch schlechte Taten aus uns heraus. Darum gilt es, sowohl verborgene als auch sichtbare Sünden konsequent zu verurteilen.

Schliesslich werden wir aufgefordert, das Wort Gottes mit Sanftmut aufzunehmen. Es geht jetzt darum, *wie* wir hören. Ab Vers 22 führt Jakobus diesen Gedanken weiter aus. Aber schon hier macht er klar, dass wir der Verkündigung des Wortes mit Sanftmut oder Bereitwilligkeit zuhören sollen. Unsere Herzen sind dann für die Botschaft offen und nehmen das, was Gott uns sagt, gern auf. Ein schönes Beispiel sind uns die Beröer: «Sie nahmen das Wort mit aller Bereitwilligkeit auf» (Apg 17,11). Das Gegenteil davon ist ein innerer Widerstand gegen Gottes Wort.

Jakobus nennt es «das eingepflanzte Wort». Warum? Weil das Wort Gottes, das wir mit einer positiven Einstellung lesen und hören sollen, bereits bei der Neugeburt *das neue Leben* in uns eingepflanzt hat. Und dieses ewige Leben verlangt nun nach biblischer Unterweisung. Es möchte mit dem Wort, durch das es eingepflanzt worden ist, ernährt werden. Als Glaubende besitzen wir also ein Element in uns, das sich nach dem Wort Gottes ausstreckt.

Das Wort Gottes «vermag unsere Seelen zu erretten». Wenn wir es bereitwillig aufnehmen, wird es uns in den einzelnen Lebenssituationen vor dem Bösen bewahren. Schon David hat diese Wirkung des Wortes Gottes erfahren: «Was das Tun des Menschen betrifft, so habe *ich* mich durch das Wort deiner Lippen bewahrt vor den Wegen des Gewalttätigen. Meine Schritte hielten an deinen Spuren fest, meine Tritte haben nicht gewankt» (Ps 17,4.5).

Hören und Tun

Falsch oder richtig hören

Vers 22. Seid aber Täter des Wortes und nicht allein Hörer, die sich selbst betrügen.

Oft stellen wir Hören und Tun in Gegensatz zueinander. Aber wir können nur richtig handeln, wenn wir zuerst Gottes Wort aufgenommen haben. Dem Hören muss jedoch die Tat folgen. Der Herr Jesus erzählte einst die Geschichte von zwei Männern, einem klugen und einem törichten (Mt 7,24-27). Beide hörten das Wort Gottes. Wir können sie mit zwei Christen vergleichen, die jahrelang nebeneinander in den Zusammenkünften der Versammlung sitzen und das Wort Gottes hören. Der eine tut das, was er hört, und baut so sein Lebenshaus auf den Felsen. Der andere tut nicht, was er hört und baut damit sein Haus auf den Sand. Wenn nun ein Sturm kommt, dann fällt das Lebenshaus des Törichten zusammen, während das Haus des Klugen stehen bleibt. Wir sind erstaunt: Obwohl beide jahrelang dasselbe Wort gehört haben, kippt der eine beim Auftreten einer Schwierigkeit um, während der andere aufrecht bleibt. Warum? Weil der eine nur gehört, aber *nicht danach gehandelt* hat. Der andere hingegen hat gehört *und danach gehandelt* und somit ein persönliches Glaubensfundament bekommen.

Verse 23.24. Denn wenn jemand ein Hörer des Wortes ist und nicht ein Täter, der gleicht einem Mann, der sein natürliches Angesicht in einem Spiegel betrachtet.

Jakobus 1,22-25

Denn er hat sich selbst betrachtet und ist weggegangen, und er hat sogleich vergessen, wie er beschaffen war.

Wer meint, durch das Lesen der Bibel und das Besuchen der Zusammenkünfte zur Wortverkündigung sei in seinem Glaubensleben alles in Ordnung, der betrügt sich selbst. Er ist wie ein Mensch, der sich in einem Spiegel betrachtet, weggeht und vergisst, wie er aussieht. Durch das Wort Gottes sieht er zwar seinen praktischen Zustand. Er geht aber weg, ohne eine Korrektur vorzunehmen. So vergisst er wieder, was er erkannt hat. Das Wort verändert sein Leben nicht, weil er es nur hört, aber nicht danach tut. Genau das tadelt Jakobus hier. Gott will keinen religiösen Schein, sondern Wirklichkeit im Leben des Glaubenden.

Vers 25. Wer aber in das vollkommene Gesetz, das der Freiheit, nahe hineinschaut und darin bleibt, indem er nicht ein vergesslicher Hörer, sondern ein Täter des Werkes ist, der wird glückselig sein in seinem Tun.

Das Wort Gottes ist vollkommen. Es kommt von Gott und bringt bei dem, der sich ihm unterwirft, ein Gott wohlgefälliges Verhalten hervor. Es wird hier das Gesetz der Freiheit genannt, weil es dem glaubenden Christen das vorschreibt, was den Wünschen seines neuen Lebens entspricht. Wenn sich das neue Leben entfalten kann, möchten wir gern das tun, was Gott gefällt. Wir sind dann von Herzen bereit, dem Wort Gottes zu gehorchen. Es ist für uns ein Gesetz der Freiheit.

Als meine Kinder noch klein waren, brachte ich ihnen von meinen Reisen manchmal eine Schokolade mit.

Hören und Tun

Wenn ich ihnen befohlen hätte: «Esst diese Schokolade sofort auf!», so wäre mein Befehl für sie ein Gesetz der Freiheit gewesen. Weil sie Schokolade liebten, hätte meine Aufforderung ganz ihren Wünschen entsprochen.

Genau so darf es bei uns mit dem Wort Gottes sein. Wenn der Geist Gottes in uns wirkt, entsprechen unsere Wünsche dem Wort Gottes und wir haben das Verlangen, seinen Willen zu tun.

Wir werden aufgefordert, ins Wort «nahe hineinzuschauen und darin zu bleiben». Das bedeutet, dass wir die Bibel sorgfältig lesen und als verpflichtend für uns anerkennen.

Der Glaubende, der das Wort verwirklichen möchte, wird nicht ein «Täter des *Wortes*», sondern ein «Täter des *Werkes*» genannt. Das macht deutlich, dass es Jakobus in erster Linie um *Taten* geht. Das zeichnete unseren Herrn vollkommen aus. Wenn Lukas am Anfang der Apostelgeschichte seinen Bericht im Evangelium zusammenfasst, dann erklärt er: «Was Jesus anfing, sowohl zu tun als auch zu lehren» (Apg 1,1). Beim Herrn Jesus kamen die Taten zuerst und das Lehren stand in Übereinstimmung damit.

Ein Täter des Werkes ist glücklich. Er erfährt die Freude, die Gott dem schenkt, der Ihm gehorcht. Es ist die gleiche Freude, die auch Jesus Christus auf seinem Weg des Gehorsams gekannt hat (Joh 15,10.11).

Jakobus 1,26-27

Echter Gottesdienst

Verse 26.27. Wenn jemand meint, er diene Gott, und zügelt nicht seine Zunge, sondern betrügt sein Herz, dessen Gottesdienst ist nichtig. Ein reiner und unbefleckter Gottesdienst vor Gott und dem Vater ist dieser: Waisen und Witwen in ihrer Drangsal zu besuchen, sich selbst von der Welt unbefleckt zu erhalten.

«Gott dienen» meint hier unser praktisches Glaubensleben. Wer also Gott im Alltag durch Wort und Tat ehren möchte, soll auf dreierlei achten:

a) «Die Zunge zügeln» – das ist nicht einfach, aber wichtig. Dazu braucht es *Selbstbeherrschung!* Wer meint, mit frommen Reden und langen öffentlichen Gebeten Gott zu dienen, betrügt sein Herz. Unbeherrschtes Reden strapaziert die Geduld der Mitmenschen, ist nicht zum Segen und bringt kein positives geistliches Ergebnis hervor.

b) «Waisen und Witwen besuchen» – das erfordert *Selbstlosigkeit.* Sie werden uns unsere Hilfe und Zuwendung nicht vergelten können. Aber wir kommen diesem Auftrag nach, weil wir Gott gefallen und den Menschen helfen möchten. Schon der Herr Jesus weist auf diese Einstellung hin (Lk 14,12-14): In der Gastfreundschaft sollen uns uneigennützige Beweggründe leiten. Wir laden nicht ein, um vom Besuch etwas zu empfangen, sondern um unseren Gästen Liebe und Zuwendung zu schenken. Dieses selbstlose Verhalten anerkennt und belohnt Gott.

Hören und Tun

c) «Sich selbst von der Welt unbefleckt erhalten» – das ist *Reinheit*. Das Prinzip der Welt ist Ehre für den Menschen. Der Weg der Welt ist Freude ohne Gott. Die Werke der Welt sind Gewalt und Unmoral. Nur in einer täglichen Glaubensbeziehung zum Herrn Jesus und durch Absonderung von der Welt können wir uns von ihren Prinzipien, ihren Wegen und ihren Werken rein erhalten.

Das Glaubensbekenntnis

Kapitel 2

Im zweiten Kapitel behandelt Jakobus unser Glaubensbekenntnis. Es soll echt sein. Deshalb prüft er das, was wir mit unserem Mund bekennen, anhand von drei Kriterien:

- Verse 1-7: Offenbart das Bekenntnis die Gesinnung des Herrn?
- Verse 8-13: Stimmt das Bekenntnis mit dem Gesetz überein?
- Verse 14-26: Bestätigt sich das Bekenntnis durch Werke?

Gleichzeitig haben diese Belehrungen eine moralische Wirkung auf unser praktisches Glaubensleben.

Das Bekenntnis wird
an der Gesinnung des Herrn geprüft

Kapitel 2,1-7

Zuerst wird die Echtheit unseres Glaubensbekenntnisses am Verhalten des Herrn Jesus gemessen, das Er in seinem Leben offenbart hat.

Die Herrlichkeit des Herrn

Vers 1. Meine Brüder, habt den Glauben unseres Herrn Jesus Christus, des Herrn der Herrlichkeit, nicht mit Ansehen der Person.

Wir haben ein hohes Glaubensbekenntnis zu einer erhabenen Person, zu unserem Herrn Jesus Christus. Als Christen stellen wir uns bewusst zu Ihm. Er ist der «Herr der Herrlichkeit». Wir glauben, dass dieser Titel hier nicht auf seinen Ehrenplatz im Himmel hinweist, sondern von seiner moralischen Herrlichkeit spricht, die Er auf der Erde offenbarte. Als niedriger Mensch ging Er hier seinen Weg, zeigte dabei aber in seinem Verhalten eine vollkommene moralische Schönheit. Jakobus hebt einen Aspekt besonders hervor: Jesus Christus liess sich vom Prunk der reichen und vornehmen Menschen weder beeindrucken noch im Handeln beeinflussen. Gleichzeitig verachtete Er die kleinen und armen Leute nicht, sondern stellte sich bewusst zu ihnen und setzte

Jakobus 2,1

sich für sie ein. So offenbarte sein Leben und Handeln deutlich, dass bei Gott *kein Ansehen der Person* ist.

Diese wichtige Aussage finden wir schon im Alten Testament (2. Chr 19,7). Sie bedeutet, dass vor Gott alle Menschen als seine Geschöpfe gleich sind. Er lässt sich in seinem Urteil und in seinem Handeln mit den Menschen durch nichts beeinflussen.

Auch im Neuen Testament finden wir diesen Ausspruch. Wir wollen auf fünf Bibelstellen hinweisen:

a) Alle haben ohne Ausnahme gesündigt und stehen unter dem Gerichtsurteil Gottes. «Es ist kein Ansehen der Person bei Gott» (Röm 2,11).

b) Alle sind ohne Ausnahme für ihr Handeln vor Gott verantwortlich. «Bei ihm ist kein Ansehen der Person» (Eph 6,9).

c) Alle ernten ohne Ausnahme das, was sie gesät haben. «Da ist kein Ansehen der Person» (Kol 3,25).

d) Alle sollen ohne Ausnahme als Menschen und Geschöpfe Gottes geachtet werden. «Habt den Glauben ... nicht mit Ansehen der Person» (Jak 2,1).

e) Alle Glaubenden leben ohne Ausnahme unter den prüfenden Augen des Vaters, «der ohne Ansehen der Person richtet nach eines jeden Werk» (1. Pet 1,17).

Dieser Grundsatz wurde im Leben des Herrn Jesus deutlich sichtbar. Er handelte nie nach Ansehen der Person. Wird das auch in unserem Verhalten sichtbar?

Das Glaubensbekenntnis

Die Herrlichkeit der Welt

Nun wird das vollkommene Benehmen des Herrn Jesus der Verhaltensweise der Welt gegenübergestellt.

Verse 2-4. Denn wenn in eure Synagoge ein Mann kommt mit goldenem Ring, in prächtiger Kleidung, es kommt aber auch ein Armer in unsauberer Kleidung herein, ihr seht aber auf den, der die prächtige Kleidung trägt, und sprecht: Setze du dich bequem hierher, und zu dem Armen sprecht ihr: Stelle du dich dorthin, oder setze dich hier unter meinen Fussschemel – habt ihr nicht unter euch selbst einen Unterschied gemacht und seid Richter mit bösen Gedanken geworden?

Zwei Menschen kommen in die Synagoge – der eine ist reich, der andere ist arm. Der Reiche wird eingeladen, sich bequem auf den besten Platz zu setzen. Dem Armen hingegen wird der schlechteste Sitzplatz zugewiesen. Das ist die Herrlichkeit der Welt: die Parteinahme für den Vornehmen und Reichen. Sie macht in ihrem Verhalten einen Unterschied zwischen Arm und Reich. Das ist nicht der Geist, der von Gott kommt, sondern der Geist der Welt.

Wer so handelt, ist ein Richter mit bösen Gedanken, denn diese falsche Denkweise und diese ungleiche Handhabung kommen vom Fleisch. Zudem widerspricht er damit seinem Bekenntnis zu Christus, der sich ganz anders verhalten hat. Wenn wir in unserem Denken und Handeln solche bösen Ansätze erkennen, müssen wir sie verurteilen.

Jakobus 2,2-5

Die Armen haben einen Wert für Gott

Vers 5. Hört, meine geliebten Brüder: Hat Gott nicht die weltlich Armen auserwählt, reich zu sein im Glauben, und zu Erben des Reiches, das er denen verheissen hat, die ihn lieben?

Jakobus spricht jetzt die Glaubenden an und stellt ihnen eine wichtige Tatsache vor: Gott hat die weltlich Armen zum Glauben auserwählt. Der Herr liebt es, Arme und Verachtete aufzunehmen. Das wird schon im Vorbild bei David deutlich, als sich Menschen zu ihm in die Höhle Adullam gesellten. Da kamen nicht die hochgestellten Bürger Israels, sondern «jeder Bedrängte und jeder, der einen Gläubiger hatte, und jeder, der erbitterten Gemüts war» (1. Sam 22,2).

Am Anfang des 1. Korinther-Briefs lesen wir, dass Gott im Blick auf die Errettung ein spezielles Interesse an den Armen hat. In Korinth gab es unter den Glaubenden nicht viele edle und vornehme Menschen. Im Gegenteil, Gott hat vor allem einfache und verachtete Leute zu sich gerufen (1. Kor 1,26-28).

Wer echt zum Glauben kommt, indem er über seine Sünden Buße tut und an das Erlösungswerk des Herrn Jesus glaubt, der hat es gut, auch wenn er in der Welt als Armer gilt:

- Er ist in seinem Leben auf der Erde im Herzen reich, denn echter Glaube macht jetzt schon glücklich.

Das Glaubensbekenntnis

- Er wird in der Zukunft Erbe des Reichs sein. Wenn Jesus Christus auf der Erde in Gerechtigkeit und Frieden regieren wird, werden alle Glaubenden – egal welche soziale Stellung sie jetzt einnehmen – diese Herrschaft mit Ihm teilen.

Unechte Bekenner, die zwar religiös sind, aber die Person ansehen, werden am zukünftigen Reich nicht teilhaben. Gott hat dieses Reich nur denen verheissen, die Ihn lieben und dadurch ihren echten Glauben beweisen.

Die Reichen verachten die Glaubenden

Vers 6a. Ihr aber habt den Armen verachtet.

Im Gegensatz zu Gott, der ein besonderes Interesse an den Armen hat, verachten die Menschen im Allgemeinen solche, die auf einer niedrigeren sozialen Stufe als sie stehen. Ansätze dieser Haltung können leider auch bei uns Glaubenden gefunden werden.

Verse 6b.7. Unterdrücken euch nicht die Reichen, und ziehen nicht sie euch vor die Gerichte? Lästern nicht sie den guten Namen, der über euch angerufen worden ist?

Jakobus erinnert die Glaubenden, was die Reichen ihnen in ihrem Widerstand und in ihrer Verachtung antaten. Sie unterdrückten sie und zogen sie vor die Gerichte, weil sie durch ihren Reichtum Macht und Einfluss besassen. Zudem lästerten die Reichen den «guten Namen». Es

Jakobus 2,6-7

ist der Name «Christ», den die Menschen denen geben, die an den Herrn Jesus glauben und Ihm nachfolgen (Apg 11,26; 1. Pet 4,16). Diesen Namen zogen sie in den Schmutz und schmähten damit die Glaubenden. Das ist bis heute so.

Darum ist es verkehrt, wenn wir als Glaubende die Reichen, die uns im Allgemeinen verachten, den Armen vorziehen. Ausserdem entspricht es nicht der Gesinnung des Herrn Jesus, zu dem wir uns bekennen.

Das Glaubensbekenntnis

Das Bekenntnis wird an den Grundsätzen des Gesetzes geprüft

Kapitel 2,8-13

Wenn Jakobus hier das Gesetz erwähnt, will er den Menschen nicht unter das Gesetz stellen, als ob er durch das Halten der Gebote zu Gott kommen könnte. Er macht es auch nicht zur Richtschnur für den Glaubenden. Das wird durch seine Haltung in Apostelgeschichte 15 deutlich bestätigt.

Aber er zeigt uns die göttlichen Prinzipien, die im Gesetz sichtbar werden, und möchte, dass wir ihnen in unserer Praxis entsprechen. Er geht dabei schrittweise vor:

Das königliche Gesetz

Verse 8.9. Wenn ihr wirklich das königliche Gesetz erfüllt nach der Schrift: «Du sollst deinen Nächsten lieben wie dich selbst», so tut ihr recht. Wenn ihr aber die Person anseht, so begeht ihr Sünde und werdet von dem Gesetz als Übertreter überführt.

Damit wir verstehen, was Jakobus mit dem königlichen Gesetz meint, müssen wir an die Worte des Herrn Jesus denken, der das Gesetz in zwei Gebote zusammenfasst:

- Das erste heisst: «Du sollst den Herrn, deinen Gott, lieben» (Mk 12,30). Das betrifft das Verhältnis des Menschen zu Gott.

- Das zweite heisst: «Du sollst deinen Nächsten lieben wie dich selbst» (Mk 12,31). Das betrifft das Verhältnis des Menschen zu seinen Mitmenschen.

Weil diese beiden Gebote in ihrer Auswirkung umfassend sind und den Inhalt des ganzen Gesetzes in sich schliessen, sagt der Herr: «Grösser als diese ist kein anderes Gebot» (Mk 12,31).

Jakobus spricht hier über das Verhältnis der Menschen zueinander. Darum zitiert er nur das zweite und bezeichnet es als das «königliche» Gesetz. Es ist das erhabenste Gebot, weil es alle anderen überblickt und umschliesst. Dann zieht er zwei Schlussfolgerungen:

- Wer bekennt, an Gott zu glauben, soll seinen Nächsten lieben wie sich selbst. Wenn er das verwirklicht, entspricht sein Glaube dem königlichen Gesetz.

- Wer aber die Person ansieht und den Armen übersieht, sündigt und übertritt das Gesetz in seinem erhabensten Charakter, weil er den Nächsten nicht wie sich selbst liebt.

Die göttliche Konsequenz im Gesetz

Verse 10.11. Denn wer irgend das ganze Gesetz hält, aber in einem strauchelt, ist aller Gebote schuldig

Das Glaubensbekenntnis

geworden. Denn der gesagt hat: «Du sollst nicht ehebrechen», hat auch gesagt: «Du sollst nicht töten.» Wenn du nun nicht ehebrichst, aber tötest, so bist du ein Gesetzes-Übertreter geworden.

Vielleicht wendet jemand ein: Das Gebot der Nächstenliebe ist doch nur eins von vielen, die anderen halte ich alle ein. Es scheint, dass Jakobus diesem Argument begegnet, wenn er jetzt einen wichtigen göttlichen Grundsatz vorstellt: Wer *ein* Gebot nicht befolgt, übertritt das ganze Gesetz, denn alle Gebote sind vom gleichen Gesetzgeber aufgestellt. Wer in einem Gebot strauchelt, richtet sich gegen den Gesetzgeber. Als Gesetzes-Übertreter stellt er die Autorität Gottes infrage.

Damit legt Jakobus ein schweres Gewicht auf solche Bekenner, die zwar Gesetzestreue vorgeben, aber die Armen verachten.

Das Gesetz der Freiheit und seine Konsequenzen

Vers 12. So redet und so tut als solche, die durch das Gesetz der Freiheit gerichtet werden sollen.

Jetzt geht Jakobus einen Schritt weiter und knüpft ans erste Kapitel an. Wer durch das Wort der Wahrheit gezeugt worden ist (Kap. 1,18), besitzt ein neues Leben, das von Herzen wünscht, den Anweisungen Gottes in seinem Wort zu entsprechen. Die biblischen Belehrungen sind für ihn ein Gesetz der Freiheit (Kap. 1,25).

Wer sich nun zum Herrn Jesus bekennt und damit vorgibt, neues Leben zu besitzen, bei dem soll diese Herzenshaltung sichtbar werden. Gott erwartet, dass er aus freien Stücken seine Anordnungen befolgt. Sein Reden und sein Tun werden anhand seines hohen Bekenntnisses beurteilt.

Vers 13. Denn das Gericht wird ohne Barmherzigkeit sein gegen den, der keine Barmherzigkeit geübt hat. Die Barmherzigkeit rühmt sich gegen das Gericht.

Dieser Vers enthält zwei Gedanken. Der erste ist eine Schlussfolgerung von Vers 12, der zweite eine Ergänzung dazu.

- Wer den Armen hart und unbarmherzig behandelt, erfährt das göttliche Gericht ohne Barmherzigkeit. Wir müssen dabei an das Gericht in den Regierungswegen Gottes denken, das sowohl echte Glaubende, als auch unechte Bekenner in ihrem Leben auf der Erde trifft (1. Pet 1,17; 2. Pet 2,3). Gottes Handeln ist also ohne Barmherzigkeit gegenüber dem, der unbarmherzig ist.

- Aber Gott macht auch seine Barmherzigkeit gross: Durch das neue Leben macht Er Menschen, die das Gericht verdient haben, fähig, *freiwillig* seinen Willen zu tun. So triumphiert Gottes Barmherzigkeit in den Glaubenden über das Gericht.

Das Bekenntnis wird an den Werken geprüft

Kapitel 2,14-26

Gott sieht ins Herz und kennt alle, die echt Buße getan, ihre Sünden Gott bekannt und ihr Vertrauen auf den Namen und das Werk des Herrn Jesus gesetzt haben (Eph 1,13). Das ist der Blickwinkel des Römer-Briefs, der uns erklärt, dass uns nur *der Glaube vor Gott* rechtfertigt. Aber in diesem Abschnitt des Jakobus-Briefs geht es um den Beweis des Glaubens *vor Menschen,* die nur das Äussere sehen können. Da sind *Werke des Glaubens* erforderlich.

Jakobus gibt uns Merkmale an die Hand, damit wir erkennen können, ob ein Glaube echt oder unecht ist.

Wir erkennen zwei Schwerpunkte:

- Das Wesen des echten Glaubens: Er wird durch Werke sichtbar (V. 14-19).
- Die Werke des echten Glaubens: Sie offenbaren Liebe zu Gott und zu den Glaubenden (V. 20-26).

Das Wesen echten Glaubens

Vers 14. Was nützt es, meine Brüder, wenn jemand sagt, er habe Glauben, hat aber keine Werke? Kann etwa der Glaube ihn erretten?

Jakobus 2,14-17

Es handelt sich hier um einen Menschen, der zwar ein Glaubensbekenntnis hat, aber keine entsprechenden Werke zeigt. Kann ihn der Glaube in diesem Fall erretten? Nein! Ein blosses Lippenbekenntnis hat keine Wirkung und bringt den Menschen nicht zu Gott. Daraus ergibt sich der Grundsatz: Echter Glaube zeigt sich durch Werke!

Verse 15-17. Wenn aber ein Bruder oder eine Schwester nackt ist und der täglichen Nahrung entbehrt, jemand von euch spricht aber zu ihnen: Geht hin in Frieden, wärmt euch und sättigt euch!, ihr gebt ihnen aber nicht das für den Leib Notwendige – was nützt es? So ist auch der Glaube, wenn er keine Werke hat, in sich selbst tot.

Jakobus macht die wichtige Tatsache von Vers 14 an einem Beispiel klar. Er spricht noch nicht von den Werken des Glaubens, sondern veranschaulicht uns, dass sich echter Glaube in Werken zeigt.

Ein Bruder friert und hat Hunger. Man sagt ihm bloss: Wärme dich und iss! Aber man gibt ihm keine warmen Kleider und keine Nahrung. In diesem Fall ist die Aufforderung nichts wert, denn sie bewirkt nichts. Durch Worte wird nämlich keinem Mensch warm, noch wird er davon satt.

Jakobus zieht daraus eine Schlussfolgerung: Der Glaube ist ohne Werke tot. Ein Bekenntnis ohne entsprechende Werke ist nicht echt und nichts wert.

Das Glaubensbekenntnis

Verse 18.19. Aber es wird jemand sagen: Du hast Glauben, und ich habe Werke; zeige mir deinen Glauben ohne die Werke, und ich werde dir meinen Glauben aus meinen Werken zeigen. Du glaubst, dass Gott einer ist, du tust recht; auch die Dämonen glauben und zittern.

Hier werden der unechte und der echte Glauben in ihrem Charakter einander gegenübergestellt:

- «Du hast Glauben.» Damit ist ein Bekenner gemeint, der kein Leben aus Gott hat. Er ist zwar überzeugt, dass es Gott gibt, aber dieses Bewusstsein bewirkt in seinem Herzen und in seinem Leben nichts. Darum geht er verloren. Die ironische Aufforderung: «Zeige mir deinen Glauben ohne die Werke», stellt seinen unechten Glauben bloss.

- «Ich habe Werke.» Da geht es um einen Menschen, der sich wirklich bekehrt hat. Der Glaube an Gott und sein Wort hat sein Herz und sein Leben verändert. In seinem Verhalten wird deutlich, dass er eine echte Glaubensbeziehung zu Gott pflegt. Sein Leben zeigt Werke des Glaubens.

Es geht hier schliesslich um die Frage: Kann ein verstandesmässiger Glaube, der die Existenz Gottes bejaht, den Menschen erretten? Keineswegs, denn «auch die Dämonen glauben und zittern». Sie glauben, dass es Gott gibt, dennoch werden sie in den Feuersee geworfen werden, wo sie von Ewigkeit zu Ewigkeit Tag und Nacht gepeinigt werden (Off 20,10). Sie wissen das und zittern davor (Mt 8,29).

Jakobus 2,18-21

Der Charakter des echten, rettenden Glaubens zeigt sich also darin, dass er im Leben etwas bewirkt. Es sind Werke vorhanden. Um welche Werke es sich handelt, zeigt uns der nächste Abschnitt.

Die Werke echten Glaubens

Zwei Beispiele machen jetzt klar, dass echter Glaube durch Werke des Glaubens bewiesen wird. Abraham zeigt uns durch eine Tat, dass der Glaubende Gott liebt. Rahab illustriert uns in ihrem Werk, dass der Erlöste das Volk Gottes liebt. Der Apostel Johannes erklärt uns diese Wahrheit in seinem ersten Brief. Wenn bei einem Menschen echter Glaube vorhanden ist, dann liebt er einerseits Gott und anderseits alle Kinder Gottes (1. Joh 5,1).

a) Abraham

Verse 20.21. Willst du aber erkennen, o nichtiger Mensch, dass der Glaube ohne die Werke tot ist? Ist nicht Abraham, unser Vater, aus Werken gerechtfertigt worden, da er Isaak, seinen Sohn, auf dem Altar opferte?

Die Liebe zu Gott zeigt sich im Gehorsam zu seinem Wort. Das illustriert uns Abraham. Er opferte seinen Sohn, weil Gott ihn dazu angewiesen hatte. Dieser Auftrag stand im Gegensatz zu jeder menschlichen Empfindung: Wie sollte Abraham den einzigen Sohn, den er von Herzen liebte, töten? Trotzdem gehorchte er sofort

Das Glaubensbekenntnis

und zeigte mit dieser Tat seine Liebe zu Gott. Sein offensichtlicher Gehorsam bewies seinen echten Glauben.

Vers 22. Du siehst, dass der Glaube mit seinen Werken zusammen wirkte und dass der Glaube durch die Werke vollendet wurde.

Wir erkennen, dass in der Bereitschaft Gott zu gehorchen und in der Ausführung seines Auftrags der Glaube Abrahams deutlich sichtbar wurde.

Vers 23. Und die Schrift wurde erfüllt, die sagt: «Abraham aber glaubte Gott, und es wurde ihm zur Gerechtigkeit gerechnet», und er wurde Freund Gottes genannt.

Schon in 1. Mose 15, worauf sich Jakobus hier bezieht, anerkannte Gott den Glauben Abrahams. Aber im Land Morija wurde der Glaube Abrahams durch das Werk des Gehorsams sichtbar bestätigt (1. Mo 22,12). Gott schätzte diesen Glauben, der sich durch Gehorsam zeigte. Darum nannte Er Abraham seinen Freund und pflegte einen vertrauten Umgang mit ihm (1. Mo 18,17-21).

Vers 24. Ihr seht also, dass ein Mensch aus Werken gerechtfertigt wird und nicht aus Glauben allein.

Die Geschichte von Abraham macht klar, dass der Glaube durch Werke des Glaubens bestätigt und für die Menschen sichtbar gemacht werden muss.

Jakobus 2,22-26

b) Rahab

Vers 25. Ist aber ebenso nicht auch Rahab, die Hure, aus Werken gerechtfertigt worden, da sie die Boten aufnahm und auf einem anderen Weg hinausliess?

Wie kann man das Volk Gottes lieben? Indem man sich offenkundig zu den Glaubenden stellt und möglichst viel Zeit mit ihnen verbringt.

Was Rahab tat, war in den Augen ihrer Landsleute völlig daneben. Sie verriet ihre Stadt an die Israeliten. Aber es war ein Werk des Glaubens. Sie stellte sich zum Volk Gottes, als es noch keinen einzigen Sieg im Land Kanaan errungen hatte.

Sie nahm die Boten Israels auf – das war Gastfreundschaft. Sie liess die Boten dann durch das Fenster hinaus – das war Hilfe. Wenn wir die Glaubenden einladen oder ihnen irgendwie helfen, beweisen wir unsere Liebe zum Volk Gottes.

Vers 26. Denn wie der Leib ohne Geist tot ist, so ist auch der Glaube ohne die Werke tot.

Mit einem interessanten Vergleich schliesst Jakobus dieses Thema ab. Er vergleicht das Glaubensbekenntnis mit dem Körper und die Werke, die den Glauben beweisen, mit dem Geist. Wie ernst ist es, wenn nur ein Bekenntnis da ist, aber keine entsprechenden Werke sichtbar werden. Dann ist alles tot und wertlos.

Das Glaubensbekenntnis

c) Fazit

Die Beispiele von Abraham und Rahab sind für uns eine grosse Hilfe, wenn wir beurteilen müssen, ob jemand wirklich Leben aus Gott hat oder nicht. Der Herr hat uns dieses wichtige Mittel an die Hand gegeben, weil wir nicht in die Herzen der Menschen blicken können. Aber wir nehmen wahr, was ein Mensch tut. Wenn Gehorsam zu Gott und Liebe zum Volk Gottes da ist, so sind das Beweise echten Glaubens.

Es gibt Menschen, die keine Bekehrungsgeschichte erzählen können. Aber sie wünschen dem Wort Gottes zu gehorchen und sind so oft wie möglich in den Zusammenkünften der Glaubenden. Sie fühlen sich unter den Erlösten wohl. Damit beweisen sie echten Glauben. Die Kennzeichen des neuen Lebens sind deutlich sichtbar.

Eine gezügelte Zunge und ein weises Verhalten

Kapitel 3

In diesem Kapitel erkennen wir zwei Abschnitte:

- Die Verse 1-12 warnen uns vor dem falschen Gebrauch unserer Zunge, weil wir mit Worten grossen Schaden anrichten können.

- Die Verse 13-18 stellen die Weisheit von unten und die Weisheit von oben vor. Ihre Merkmale und Wirkungen sind völlig unterschiedlich.

Das Wesen der Zunge

Kapitel 3,1-12

Der Wunsch, andere zu belehren

Vers 1. Seid nicht viele Lehrer, meine Brüder, da ihr wisst, dass wir ein schwereres Urteil empfangen werden; ...

«Seid nicht viele Lehrer!» Mit dieser Aussage zielt Jakobus auf die schlechte Neigung des Menschen, andere dauernd zu belehren und zu korrigieren. Das betrifft uns alle, denn wir meinen immer gut zu wissen, was andere tun sollen oder was sie gerade falsch machen. In diese Ermahnung sind natürlich die Brüder ebenfalls eingeschlossen, die eine Gabe als Lehrer haben. Auch sie müssen sich diesem Wort stellen.

Wenn wir ständig andere korrigieren und belehren, beurteilen unsere Mitmenschen viel mehr das, was wir selbst tun. Wir werden ein schwereres Urteil von ihnen empfangen. Auch der Herr berücksichtigt in seinem Handeln mit uns auf der Erde, ob wir einen Richtgeist offenbaren oder nicht.

Die Ermahnung in diesem Vers wird durch die Worte des Herrn bestätigt: «Richtet nicht, damit ihr nicht gerichtet werdet; denn mit welchem Urteil ihr richtet, werdet ihr gerichtet werden, und mit welchem Mass ihr messt, wird euch zugemessen werden» (Mt 7,1.2).

Jakobus 3,1-2

Vers 2. ... denn wir alle straucheln oft. Wenn jemand nicht im Wort strauchelt, der ist ein vollkommener Mann, fähig, auch den ganzen Leib zu zügeln.

«Wir alle straucheln oft.» Das ist leider eine Tatsache! Jeder von uns sündigt in Gedanken, Worten und Taten. Das Wissen um diese beschämende Realität bewahrt uns davor, mit anderen streng zu sein.

Es ist eine grosse Gnade, wenn wir nicht mit dem Mund sündigen. Denn es ist besonders schwierig, «im Wort nicht zu straucheln».

Nur der Herr Jesus hat nie gesündigt, auch nicht mit Worten. Er ist im wahrsten Sinn der «vollkommene Mann». Die Aussage des Propheten Jeremia trifft auf Ihn zu. Er konnte zu seinem Gott sagen: «Was von meinen Lippen ausging, war vor deinem Angesicht» (Jer 17,16). Alles was Er sagte, war von Gott selbst anerkannt. In Jesaja 53,9 lesen wir, dass «kein Trug in seinem Mund gewesen ist». Nie stellte Er mit seinen Worten eine Sache falsch dar. Nie täuschte Er beim Reden seine Zuhörer. In den Evangelien dürfen wir Ihn betrachten, wie Er zu den Menschen gesprochen hat. Seine Worte waren voll Gnade und Wahrheit. Er ist uns auch in seinem Reden das vollkommene Beispiel (1. Pet 2,21-23).

Wer fähig ist, seine Zunge zu beherrschen, der kann auch seinen Leib zügeln, so dass er weder in seinen Handlungen noch auf seinen Wegen sündigt. Denn es ist schwerer, nichts Falsches zu sagen als nichts Verkehrtes zu tun.

Eine gezügelte Zunge und ein weises Verhalten

Kleine Zunge – grosser Schaden

Verse 3-5a. Siehe, den Pferden legen wir die Gebisse in die Mäuler, damit sie uns gehorchen, und lenken ihren ganzen Leib. Siehe, auch die Schiffe, die so gross sind und von heftigen Winden getrieben werden, werden durch ein sehr kleines Steuerruder gelenkt, wohin irgend die Absicht des Steuermanns will. So ist auch die Zunge ein kleines Glied und rühmt sich grosser Dinge.

Anhand von zwei Beispielen erklärt uns Jakobus den Effekt der kleinen Zunge: Sie kann Grosses bewirken!

- Die erste Illustration stammt aus der Natur. Dem Pferd legen wir ein Gebiss in das Maul, damit wir es lenken können. Es gehorcht uns, sobald wir an den Zügeln ziehen. Mit diesem kleinen Hilfsmittel bekommen wir das Pferd, das grösser und stärker ist als wir, in den Griff.

- Die zweite Illustration ist der Technik entnommen. Das Steuerruder ist relativ klein, hat aber einen grossen Einfluss. Der Steuermann kann damit mächtige Schiffe, die viele tausend Tonnen wiegen, dahin lenken, wo er will. Trotz grosser Wasserverdrängung gehorcht das Schiff seinen Befehlen.

Diese Beispiele werden nun auf die Zunge angewandt: Wie ein kleines Gebiss ein grosses Tier lenkt oder ein kleines Steuerruder ein grosses Schiff steuert, genauso kann die Zunge Grosses bewirken. Das ist zuerst eine neutrale Schlussfolgerung.

Jakobus 3,3-6

Verse 5b.6a. Siehe, ein kleines Feuer, welch einen grossen Wald zündet es an! Und die Zunge ist ein Feuer, die Welt der Ungerechtigkeit.

Aber jetzt gibt Jakobus uns zu bedenken, dass wir mit unseren Worten schweren Schaden anrichten können. Wie ein kleines Feuer schnell einen grossen Brand anstiftet, so kann auch ein leichtfertig ausgesprochenes Wort eine verheerende Wirkung haben.

Die Gefahren der Zunge

Vers 6b. Die Zunge erweist sich unter unseren Gliedern als die, die den ganzen Leib befleckt und den Lauf der Natur anzündet und von der Hölle angezündet wird.

Nach der allgemeinen Feststellung, dass wir mit unseren Worten viel Unheil anrichten können, werden nun drei konkrete Gefahren unserer Zunge aufgezeigt:

- *Sie befleckt den ganzen Leib.* Durch böse und schlechte Worte werden wir moralisch verunreinigt. Auch unser Herr weist darauf hin, wenn Er sagt: «Was aber aus dem Mund ausgeht, kommt aus dem Herzen hervor, und das verunreinigt den Menschen» (Mt 15,18).

- *Sie zündet den Lauf der Natur an.* Mit unseren Worten können wir die menschlichen Gefühle ansprechen und dadurch eine Aktivität hervorrufen, die nur einen gefühlsmässigen Ursprung hat. Demetrius hat mit wenigen Worten die Volksmenge so erregt, dass die Leute zwei Stunden lang von Wut erfüllt schrien: «Gross ist die Artemis der Epheser!», ohne zu wissen, worum es eigentlich ging (Apg 19,24-28.34).

- *Sie wird von der Hölle angezündet.* Mit unseren Worten können wir Werkzeuge des Teufels werden, für den die Hölle bereitet ist. Ein Beispiel dafür ist Elymas, der dem Wort Gottes widerstand und versuchte, den Prokonsul vom Glauben abwendig zu machen. Paulus nennt ihn Sohn des Teufels (Apg 13,8-10). Wir erinnern uns auch an Petrus, dem der Herr Jesus sagen musste: «Geh hinter mich, Satan!» Durch seine Gefühle geleitet, wollte Petrus Ihn mit deutlichen Worten daran hindern, sich dem Willen Gottes unterzuordnen und die Leiden und die Schmach am Kreuz auf sich zu nehmen (Mt 16,22.23).

Verse 7.8. Denn jede Natur, sowohl die der wilden Tiere als auch die der Vögel, sowohl die der kriechenden als die der Meerestiere, wird gebändigt und ist gebändigt worden durch die menschliche Natur; die Zunge aber kann keiner der Menschen bändigen: sie ist ein unstetes Übel, voll von tödlichem Gift.

Der Mensch kann mit Intelligenz und Willenskraft wilde Tiere bändigen. Das ist eine grossartige Leistung. Aber er schafft es nicht, seine Zunge im Zaum zu halten. Sie ist völlig unberechenbar wie eine Schlange, die plötzlich und unerwartet angreift und tödlich zubeisst.

Als Simei David fluchte, hätte der König mit einem Wort das Todesurteil über Simei aussprechen können.

Jakobus 3,7-10

Denn Abisai bat ihn: «Lass mich doch hinübergehen und ihm den Kopf wegnehmen!» Aber David gab seinen verletzten Gefühlen nicht nach, sondern antwortete Abisai demütig: «Lasst ihn, dass er fluche; denn der HERR hat es ihn geheissen» (2. Sam 16,9-11). Sein Verhalten entsprach dem, was er in Psalm 141 ausdrückte: «Setze, HERR, meinem Mund eine Wache, behüte die Tür meiner Lippen!» (Ps 141,3). Daraus lernen wir: Mit der Hilfe Gottes ist es möglich, unsere unberechenbare Zunge zu beherrschen, damit ihre zerstörende Bosheit nicht wirksam wird!

Unser Mund soll nur Gutes reden

Verse 9.10. Mit ihr preisen wir den Herrn und Vater, und mit ihr fluchen wir den Menschen, die nach dem Gleichnis Gottes geworden sind. Aus demselben Mund geht Segen und Fluch hervor. Dies, meine Brüder, sollte nicht so sein.

Als Glaubende reden wir leider oft zwiespältig. Einerseits preisen und loben wir mit unserem Mund Gott. Das ist eine Wirkung des neuen Lebens. Anderseits fluchen wir mit der Zunge unseren Mitmenschen. Das geschieht, wenn wir der Begierde in uns nachgeben (Kap. 1,14). So zeigen unsere Worte das an, was in unserem Innern vorgeht.

Wenn wir jemand beschimpfen, ist das gegen den Schöpfer, denn jeder Mensch ist nach dem Gleichnis Gottes gemacht und darum für Ihn wertvoll.

Eine gezügelte Zunge und ein weises Verhalten

Nachdem Jakobus uns die traurige Realität vorgestellt hat, dass wir als Glaubende mit unserer Zunge sowohl Gutes als auch Böses reden können, ermahnt er uns: «Dies, meine Brüder, sollte nicht so sein.» Er will nicht, dass über unsere Lippen Schlechtes kommt. Dazu fordert uns auch der Apostel Paulus auf (Eph 4,29; Kol 3,8.9).

Vers 11. Die Quelle sprudelt doch nicht aus derselben Öffnung das Süsse und das Bittere?

Unser Mund soll also nur der Ausgang für das Gute sein, das durch das neue Leben und die Wirkung des Geistes in uns hervorgebracht wird.

Vers 12. Kann etwa, meine Brüder, ein Feigenbaum Oliven hervorbringen oder ein Weinstock Feigen? Auch kann Salziges nicht süsses Wasser hervorbringen.

Anhand von drei Beispielen aus der Schöpfung wird deutlich, dass ein zwiespältiges Reden widernatürlich ist:

- Ein Feigenbaum trägt keine Oliven.
- An einem Weinstock wachsen keine Feigen.
- Aus Salzigem sprudelt kein süsses Wasser.

Was in der Natur unmöglich ist, kommt leider bei uns vor. Darum wollen wir wie David beten: «Lass die Reden meines Mundes und das Sinnen meines Herzens wohlgefällig vor dir sein, HERR, mein Fels und mein Erlöser!» (Ps 19,15).

Die Weisheit

Kapitel 3,13-18

Wir erkennen in diesem Abschnitt folgenden Gedankenverlauf:

- Echte Weisheit zeigt sich im Verhalten (V. 13)
- Die Merkmale der Weisheit von unten (V. 14.15)
- Das Ergebnis der Weisheit von unten (V. 16)
- Die Merkmale der Weisheit von oben (V. 17)
- Das Ergebnis der Weisheit von oben (V. 18)

Weisheit zeigt sich im Verhalten

Vers 13. Wer ist weise und verständig unter euch? Er zeige aus dem guten Wandel seine Werke in Sanftmut der Weisheit.

In unserem Glaubensleben sollen wir weise und vernünftig sein. Wie ist das möglich? Indem wir uns dem prägenden Einfluss des gesamten Wortes Gottes aussetzen. Wir verwirklichen dann nicht nur einzelne Anweisungen, die uns besonders gut gefallen, sondern leben «in *allen* Geboten und Satzungen des Herrn» wie einst Zacharias und Elisabeth (Lk 1,6).

Wenn wir meinen, wir seien weise, dann fordert uns Jakobus in seiner für ihn typischen Weise auf: «Zeige es!» Eine Behauptung ist nicht viel wert, eine Sache muss gesehen werden. So wird auch Weisheit im Ergebnis sichtbar. Der Herr Jesus drückt dasselbe mit etwas anderen Worten aus: «Die Weisheit ist gerechtfertigt worden von ihren Kindern» (Mt 11,19). Die Kinder der Weisheit sind hier die Ergebnisse der Weisheit. Der Herr macht also klar, dass die Resultate im Leben und Verhalten zeigen, ob jemand weise ist oder nicht.

Die Weisheit kann auf zweierlei Art in unserem Leben ans Licht treten:

- *In einem guten Wandel:* Unser Lebensweg offenbart, ob wir weise sind (Spr 14,8).
- *In Werken:* Auch das, was wir im Einzelnen tun, ist ein Anzeiger für Weisheit (Spr 20,11).

Sowohl in den Wegen als auch in den Werken soll die göttliche Weisheit durch eine milde Gesinnung zum Ausdruck kommen. Echte Weisheit zeigt sich also durch ein Verhalten, das von einer guten Herzenseinstellung geprägt ist.

Die Weisheit von unten

Vers 14. Wenn ihr aber bitteren Neid und Streitsucht in eurem Herzen habt, so rühmt euch nicht und lügt nicht gegen die Wahrheit.

Durch Neid und Streitsucht offenbaren wir nicht die göttliche Weisheit. Wir können zwar dadurch ein Ziel

Jakobus 3,14-16

erreichen, doch ihre Quelle ist böse. Wenn wir diese schädlichen Triebfedern bei uns entdecken, dann haben wir uns zu schämen. Zudem müssen wir erkennen, dass wir mit einer neidischen und streitsüchtigen Einstellung im Widerspruch zu Gott stehen.

Vers 15. Dies ist nicht die Weisheit, die von oben herabkommt, sondern eine irdische, sinnliche, teuflische.

Wenn also Neid und Streitsucht unsere Tätigkeiten antreiben, ist das nicht die Weisheit von oben. Es kommt nicht von Gott, sondern von der Erde, vom Menschen und vom Teufel.

- Es ist eine *irdische* Weisheit: Losgelöst von Gott beeinflussen nur das Sichtbare und Zeitliche unsere Gedanken und unser Verhalten.

- Es ist eine *sinnliche* (oder seelische) Weisheit: Anstatt durch den Geist, der in uns wohnt, geleitet zu sein, prägen die menschlichen Gefühle und Überlegungen unser Tun und Lassen.

- Es ist eine *teuflische* Weisheit: Sie zeigt die Charakterzüge Satans, der ein Lügner und Menschenmörder ist.

Vers 16. Denn wo Neid und Streitsucht ist, da ist Zerrüttung und jede schlechte Tat.

In 1. Mose 6,11 finden wir die menschliche Bosheit in zwei Schwerpunkte aufgeteilt: in Verderben und

Gewalttat. Neid gehört zum Verderben und Streitsucht zur Gewalttat. Wenn diese beiden bösen Elemente in unserem Leben vorkommen und Triumphe feiern, folgen zwei erschütternde Ergebnisse:

- *Zerrüttung:* Der Umgang mit unseren Mitmenschen wird sehr schwierig, wenn nicht sogar unmöglich. Das kann unser Ehe- und Familienleben sowie die Gemeinschaft im Volk Gottes betreffen. Zerrüttung ist das Gegenteil von einer Atmosphäre der Liebe.
- *Jede schlechte Tat:* Wenn wir Neid und Streitsucht nicht in unseren Herzen verurteilen, stacheln sie uns zu schlechten Taten an. Wir lassen uns dann in unseren Beziehungen zu jeder bösen Handlung hinreissen.

Die Weisheit von oben

Vers 17. Die Weisheit von oben aber ist erstens rein, dann friedsam, milde, folgsam, voll Barmherzigkeit und guter Früchte, unparteiisch, ungeheuchelt.

In Sprüche 8 wird uns die göttliche Weisheit vorgestellt. Gegen Ende dieses Kapitels wechselt der Geist Gottes bei der Beschreibung unmerklich von der Weisheit zum ewigen Sohn Gottes. Er ist die Wonne des Vaters. Er ist auch die Weisheit. In der Fülle der Zeit kam der Sohn vom Himmel und wurde Mensch. Johannes der Täufer sagt dazu: «Der von oben kommt, ist über allen» (Joh 3,31). Jesus Christus ist die Weisheit von oben in Person. Wenn Jakobus uns hier die Merkmale der Weisheit von oben vorstellt, dürfen wir an unseren Herrn

Jesus denken, wie Er als Mensch hier auf der Erde die göttliche Weisheit in seinem Verhalten vollkommen dargestellt hat.

Zudem wissen wir, dass Jesus Christus uns «Weisheit von Gott» geworden ist (1. Kor 1,30). Das bedeutet, dass wir durch den Glauben an Ihn die göttliche Weisheit besitzen. Jakobus erklärt uns hier, wie diese Weisheit in unserem Glaubensleben sichtbar wird.

Schliesslich fällt uns auf, dass der Herr Jesus in Matthäus 5 in den Glückselig-Preisungen auf ähnliche Merkmale hinweist. Wenn wir uns nun mit der Bedeutung der einzelnen Aspekte der göttlichen Weisheit beschäftigen, so möchten wir sowohl auf das Beispiel des Herrn Jesus als auch auf seine Worte in Matthäus 5 hinweisen.

Die Weisheit von oben hat folgende Charakterzüge:

- *Sie ist rein:* Reinheit ist Abwesenheit von Sünde. Die Weisheit von oben möchte also bei uns ein reines Leben bewirken, in dem nicht die Sünde zum Zug kommt. Diese Eigenschaft hat Jesus Christus in seinem Leben vollkommen dargestellt. Er war der reine und sündlose Mensch. Er hat nie gesündigt, wir hingegen straucheln oft. Darum müssen wir uns immer wieder reinigen.

Reinheit ist das Hauptmerkmal der Weisheit von oben, denn sie bezieht sich auf Gott und gibt den nachfolgenden Eigenschaften ihre Leitplanken.

«Glückselig, die reinen Herzens sind, denn *sie* werden Gott sehen» (Mt 5,8).

Eine gezügelte Zunge und ein weises Verhalten

- *Sie ist friedsam:* Die göttliche Weisheit bezweckt damit bei uns dreierlei: Wir sollen erstens persönlich Frieden haben, zweitens Frieden verbreiten und drittens Frieden stiften. Das Gegenteil davon ist Streitsucht. Der Herr Jesus besass den Frieden des Herzens, auf allen seinen Wegen verbreitete Er eine friedliche Atmosphäre und wie oft stiftete Er mit einem Wort Frieden (Joh 14,27; Lk 24,36; Lk 22,24-27).

  «Glückselig die Friedensstifter, denn *sie* werden Söhne Gottes heissen» (Mt 5,9).

- *Sie ist milde:* Milde ist keine Schwäche, sondern eine Stärke. Sie steht im Gegensatz zu fleischlichem Zorn. «Eine milde Zunge zerbricht Knochen» (Spr 25,15). Jesus Christus war sanftmütig. Wie milde ging Er mit seinen Jüngern um!

  «Glückselig die Sanftmütigen, denn *sie* werden das Land erben» (Mt 5,5).

- *Sie ist folgsam:* Die göttliche Weisheit wirkt in uns die Bereitschaft, Gott zu gehorchen und auch auf andere zu hören. Dann sind wir lenksam. Das Gegenteil davon ist Eigenwille. Der Herr Jesus war der Gerechte und tat immer den Willen Gottes. Auf jedem Schritt seines Lebensweges folgte Er den göttlichen Anweisungen.

  «Glückselig, die nach der Gerechtigkeit hungern und dürsten, denn *sie* werden gesättigt werden» (Mt 5,6).

- *Sie ist voll Barmherzigkeit und guter Früchte:* Die göttliche Weisheit bringt bei uns nicht ein hartes, gleichgültiges Verhalten, sondern ein barmherziges, hilfsbereites Handeln hervor. Der barmherzige Samariter im Gleichnis – er weist auf den Herrn Jesus hin – ist ein schönes Beispiel davon. Er hatte tiefes Mitleid für den Verwundeten und half ihm aus seinem Elend heraus (Lk 10,33-35).

«Glückselig die Barmherzigen, denn *ihnen* wird Barmherzigkeit zuteil werden» (Mt 5,7).

- *Sie ist unparteiisch und ungeheuchelt:* Die Weisheit von oben möchte in unserem Leben eine gerechte, wahrhaftige Gesinnung und Handlungsweise bewirken. Wir lassen uns dann nicht durch Sympathie leiten und wollen in aller Demut ein echtes Glaubensleben führen.

Vers 18. Die Frucht der Gerechtigkeit in Frieden aber wird denen gesät, die Frieden stiften.

Dieser Vers zeigt uns das Ergebnis, das die Weisheit von oben in unserem Leben bewirkt. Praktische Gerechtigkeit in Gehorsam gegenüber Gottes Wort und die Bemühung, Frieden zu stiften, bringen eine herrliche Frucht: Frieden in der Ehe, in der Familie und im Volk Gottes. Dieses Resultat der Weisheit von oben steht im klaren Kontrast zur Zerrüttung als Folge von Neid und Streitsucht und wird durch den Propheten Jesaja bestätigt: «Das Werk der Gerechtigkeit wird Frieden sein.» Und:

Eine gezügelte Zunge und ein weises Verhalten

«O dass du geachtet hättest auf meine Gebote! Dann wäre dein Frieden gewesen wie ein Strom und deine Gerechtigkeit wie Meereswogen» (Jes 32,17; 48,18).

Einflüsse auf unser Leben

Kapitel 4

In diesem Kapitel behandelt Jakobus drei Themen:

- Verse 1-10:   Die Wirkungen des Fleisches und die Kraft, die dem Fleisch entgegenwirkt.
- Verse 11.12: Unsere Beziehung zu den Glaubenden.
- Verse 13-17: Mit oder ohne Gott leben.

Wie und wo das Fleisch wirkt
Kapitel 4,1-5

Wenn Jakobus auf dieses Thema eingeht, dann beginnt er – wie es bei ihm üblich ist – bei den Früchten und geht dann zum Baum zurück, der sie hervorgebracht hat. Er spricht den Streit im Volk Gottes an und deckt dann die Ursachen davon auf. Es scheint, dass er dabei zwei Absichten verfolgt:

- Er möchte uns helfen, dass wir uns in den Streitigkeiten um uns herum Gott gemäss verhalten.
- Er möchte, dass wir persönlich Streitigkeiten vermeiden oder Gott gemäss beilegen.

Diese beiden Aspekte leiten wir aus der Tatsache ab, dass Jakobus sich hier an das ganze zwölfstämmige Volk Israel – also an Ungläubige und Gläubige – wendet.

Streitigkeiten

Vers 1. Woher kommen Kriege und woher Streitigkeiten unter euch? Nicht daher: aus euren Begierden, die in euren Gliedern streiten?

Leider kann es in der Ehe, in der Familie, im zwischenmenschlichen Bereich und in der örtlichen Versammlung Streit geben. Da stellt sich die Frage: Was ist der

Grund dafür? Jakobus gibt eine klare Antwort. Streit wird nicht primär durch schwierige Umstände verursacht, sondern hat seine Quelle in unserem Herzen. Er kommt aus dem Fleisch hervor.

Verse 2.3. Ihr begehrt und habt nichts; ihr mordet und neidet und könnt nichts erlangen; ihr streitet und führt Krieg; ihr habt nichts, weil ihr nicht bittet; ihr bittet und empfangt nichts, weil ihr übel bittet, damit ihr es in euren Begierden vergeudet.

Jakobus stellt hier fünf konkrete Ursachen für die Entfaltung des Fleisches vor, die sich u. a. in Streitigkeiten zeigt. Und er macht klar, dass diese fleischliche Gesinnung das erwünschte Ergebnis nicht herbeiführt, weil Gott uns auf diesem Weg widersteht.

a) «Ihr begehrt und habt nichts.» Das ist *Unzufriedenheit*. Wenn wir mit unserer Lebenssituation, in die Gott uns gestellt hat, nicht zufrieden sind, suchen wir mit allen Mitteln nach Befriedigung unserer fleischlichen Wünsche. Daraus kann auch ein Streit entstehen.

b) «Ihr mordet und neidet und könnt nichts erlangen.» Jetzt wird *Neid* als Grund für Streit angeführt. Neid ist das Sich-Ausstrecken nach dem, was dem anderen gehört, und kann sich in Gewalttat gegenüber dem Nächsten äussern.

c) «Ihr streitet und führt Krieg.» Auch die *Rechthaberei* ist eine Triebfeder für Streit. Anstatt nachzugeben, bestehen wir vehement auf unseren vermeintlichen Rechten.

d) «Ihr habt nichts, weil ihr nicht bittet.» Hier geht es um *Selbstvertrauen*. Wenn wir überzeugt sind, dass wir selbst unsere Ziele erreichen können, bitten wir Gott nicht und handeln ohne Ihn. Damit verschliessen wir uns der göttlichen Gnade.

e) «Ihr bittet und empfangt nichts, weil ihr übel bittet, damit ihr es in euren Begierden vergeudet.» In diesem Fall beten wir zwar, aber die Bitte entspringt einem *egoistischen Beweggrund*. Ein Beispiel dazu ist der jüngere Sohn in Lukas 15. Er bat seinen Vater um den Teil des Vermögens, der ihm zufiel, um damit seine selbstsüchtigen Wünsche zu erfüllen. Wenn uns Egoismus antreibt, Gott um etwas zu bitten, wird Er uns in der Regel nicht erhören. Tut Er es trotzdem, dann ernten wir die bitteren Früchte unserer Selbstsucht (Ps 106,15).

Die Welt

Jetzt geht Jakobus von den Wirkungen des Fleisches zur Welt über. Warum? Weil sie der Bereich ist, wo sich das Fleisch ungehemmt entfaltet.

Vers 4. Ihr Ehebrecherinnen, wisst ihr nicht, dass die Freundschaft der Welt Feindschaft gegen Gott ist? Wer nun irgend ein Freund der Welt sein will, erweist sich als Feind Gottes.

Jakobus 4,4

Hier ist mit der «Welt» die gottlose Gesellschaft der Menschen gemeint. Es ist die Welt, die sich *ohne Gott* organisiert, um auf der Erde Freude zu haben und Ziele zu erreichen. In Lukas 15 sagt der ältere Sohn zum Vater: «Mir hast du niemals ein Böcklein gegeben, damit ich mit meinen Freunden fröhlich wäre» (Lk 15,29). Er wollte Freude ohne den Vater haben. Das ist der Charakter der Welt: Sie will sich ohne Gott freuen.

Damit wir erkennen können, wie unser Verhältnis als Glaubende zur Welt sein soll, erinnern wir an drei Beziehungsformen, die das Wort Gottes vorstellt:

a) Umgang

Mit unseren Mitmenschen pflegen wir Umgang – auch mit gottlosen Leuten und solchen, die in schweren Sünden leben (1. Kor 5,9.10). Wir grüssen sie und fragen sie nach ihrer Gesundheit. Wir begegnen ihnen höflich und anständig. Der Herr Jesus sagte über die Seinen, die Er auf der Erde zurücklassen würde: «Diese sind in der Welt» (Joh 17,11). Wir sollen also nicht isoliert und ohne Kontakte zu unseren Mitmenschen leben, sondern einen normalen Umgang mit ihnen haben.

b) Gemeinschaft

Gemeinschaft haben geht weiter als Umgang pflegen. Wir möchten dann miteinander ein Ziel erreichen und setzen uns gemeinsam für eine Sache ein. Aber weil wir nicht von dieser Welt sind (Joh 17,16), ist unsere Grundausrichtung total anders. Darum werden wir ermahnt, als Glaubende keine Gemeinschaft mit Ungläubigen zu haben, sondern uns von der Welt abzusondern (2. Kor 6,14-18).

c) Freundschaft

Jakobus spricht von Freundschaft mit der Welt. In diesem Fall stellen wir uns öffentlich auf die Seite der Ungläubigen. Das tat einst Lot, als er im Tor Sodoms sass und damit allen klar machte: Ich bin einer von Sodom.

Wer jedoch ein Freund der Welt sein will, erweist sich als Feind Gottes. Er vergisst, dass sich bei der Kreuzigung von Jesus Christus zwei Parteien diametral gegenüberstanden: auf der einen Seite die Welt und auf der anderen Seite der Sohn Gottes. Damit wurde völlig erwiesen, dass die Welt im absoluten Widerspruch zu Gott steht. Die Schlussfolgerung ist klar: Wenn wir uns öffentlich mit der Welt verbinden, stellen wir uns gegen Gott und den Herrn Jesus.

Ehebruch ist eine sehr schlimme Sünde. Sie verunehrt Gott aufs schrecklichste und zieht schwerwiegende Folgen nach sich. Jakobus nennt hier die Menschen aus dem Volk Gottes, die eine Freundschaft mit der Welt eingehen, «Ehebrecherinnen». Damit will er uns klarmachen, dass die Freundschaft mit der Welt eine grosse Untreue gegen Gott ist.

Jakobus 4,5

Die Bibel und der Geist Gottes

Vers 5. Oder meint ihr, dass die Schrift vergeblich rede? Begehrt der Geist, der in uns wohnt, mit Neid?

Mit zwei rhetorischen Fragen lenkt Jakobus unsere Gedanken auf das Wort Gottes und den Heiligen Geist. Er drückt damit zweierlei aus:

- Das Wort Gottes verurteilt sowohl die Wirkung des Fleisches als auch die Freundschaft eines Glaubenden mit der Welt.
- Der Heilige Geist ist weder der Urheber von Neid und Streit noch die Triebfeder, die uns dadurch in die Welt führt.

Wir stellen uns also gegen Gottes Wort und handeln im Widerspruch zum Heiligen Geist, wenn wir fleischlich leben oder ein freundschaftliches Verhältnis zur Welt pflegen. Das ist sehr ernst.

Einflüsse auf unser Leben

Gottes Gnade und unsere Verantwortung

Kapitel 4,6-10

Nachdem Jakobus das fleischliche Verhalten angeprangert hat, stellt er jetzt die göttliche Gnade als wirksames Hilfsmittel gegen Neid, Streit und Egoismus vor (V. 6a). Dann zeigt er uns in verschiedenen Punkten, auf welchem Weg wir die Gnade für uns beanspruchen können (V. 6b-10).

Gott gibt Gnade

Vers 6a. Er gibt aber grössere Gnade; ...

Gott möchte uns seine Gnade schenken, damit wir persönlich mitten in einer ungläubigen, selbstsüchtigen Welt einen Weg gehen können, der nicht durch fleischliches Verhalten gekennzeichnet ist. Seine Gnade ist grösser als die Begierden in uns und grösser als die Verführung der Welt.

Wie gross die Gnade ist, wird auch aus anderen Bibelstellen deutlich:

- «Aus seiner Fülle haben *wir* alle empfangen, und zwar Gnade um Gnade» (Joh 1,16). Gottes Gnade versiegt nie. Sie ist jeden Tag *in ihrer ganzen Fülle* für uns da.

Jakobus 4,6

- Am Ende seines ersten Briefs weist uns Petrus auf den «Gott aller Gnade» hin (1. Pet 5,10). Für jede Situation, für jede Schwierigkeit hat Er *eine spezielle Art* von Gnade bereit.

Demütig sein

Vers 6b. ... deshalb spricht er: «Gott widersteht den Hochmütigen, den Demütigen aber gibt er Gnade.»

Wie können wir nun die göttliche Gnade für uns erschliessen? Nur in einer demütigen Haltung vor Gott. Das macht der zweiteilige Grundsatz hier klar:

- «Gott widersteht den Hochmütigen.» Wer sich etwas auf sich einbildet und hochmütig ist, der macht sich Gott zum Gegner und verschliesst sich so für die göttliche Gnade.

- «Den Demütigen gibt er Gnade.» Wer demütig ist, darf mit der Gnade Gottes rechnen. Demut beginnt im Herzen und zeigt sich im Verhalten. Das hat uns der Herr Jesus vorgelebt. Er war von Herzen demütig (Mt 11,29). Das wurde sichtbar: Nie verteidigte Er sich selbst, nie suchte Er seine eigene Ehre. Aber für die Ehre Gottes trat Er entschieden ein. Wir dürfen sein Beispiel nachahmen und auf diesem Weg der Demut für uns selbst, für unsere Familien, für die örtliche Versammlung und für unseren Dienst alle Gnadenquellen Gottes erschliessen.

Einflüsse auf unser Leben

Sich Gott unterordnen

Vers 7a. Unterwerft euch nun Gott.

Hier werden wir aufgefordert, uns Gott, seinem Wort und seinem Weg mit uns unterzuordnen. Anstatt Gott zu widerstehen, sollen wir uns Ihm bereitwillig unterwerfen. Denken wir daran: Rebellion zerstört, Unterordnung heilt. Nehmen wir auch hier Jesus Christus zu unserem Vorbild. Exakt zu dem Zeitpunkt, als Er den völligen Unglauben und die krasse Ablehnung der Menschen erfuhr, zeigte Er seine Unterordnung unter den Willen Gottes mit den Worten: «Ja, Vater, denn so war es wohlgefällig vor dir» (Mt 11,26).

Dem Teufel widerstehen

Vers 7b. Widersteht aber dem Teufel, und er wird von euch fliehen.

Der Teufel greift uns auf zwei verschiedene Arten an: durch List und durch Macht. Immer wieder finden wir diese beiden Angriffe in der Bibel. Auch Jakobus denkt an diese beiden Aspekte, wenn er uns hier auffordert: Widersteht dem Teufel!

- *Die List Satans:* Der Feind ist listig und versucht Zweifel an Gott, an seinem Wort und an seiner Liebe in unsere Herzen zu säen. Doch wir können seinen listigen Angriffen widerstehen, indem wir die ganze Waffenrüstung anziehen (Eph 6,10-18). Der Herr

Jakobus 4,7

Jesus ist den Listen des Teufels in der Wüste begegnet und hat ihm mit dem Wort Gottes – dem Schwert des Geistes – widerstanden, so dass Satan von Ihm weichen musste.

- *Die Macht Satans:* Er geht umher wie ein brüllender Löwe und greift uns mit Macht an (1. Pet 5,8.9). Er möchte uns einen Schrecken einjagen, damit wir im Glauben einknicken. So hat der Teufel Paulus in Rom angegriffen. Durch die ganze Machtdemonstration des römischen Kaisers wollte er den Apostel dazu bringen, den Glauben zu verleugnen. Doch der Herr stärkte ihn, so dass er statt einzuknicken ein freimütiges Zeugnis für Ihn ablegte. Darum konnte er sagen: «Ich bin gerettet worden aus dem Rachen des Löwen» (2. Tim 4,17).

Wie können wir dem Teufel konkret widerstehen?

- Wenn er uns Zweifel ins Herz säen will und die Liebe Gottes infrage stellt, verweisen wir aufs Kreuz von Golgatha. Dort hat Gott seine Liebe zu uns bewiesen, indem Er seinen Sohn für uns in den Tod gegeben hat. Das nimmt uns jeden Zweifel weg und schlägt den Feind in die Flucht.

- Wenn der Teufel mit Machtgebärden angreift, richten wir unseren Glaubensblick ebenfalls zum Kreuz und halten fest: Dort ist der Herr Jesus der Macht Satans begegnet und hat sie gebrochen. Er ist der Sieger von Golgatha. Das verwandelt unsere Furcht in Gottvertrauen und der Feind muss sich geschlagen geben.

Einflüsse auf unser Leben

Vergessen wir nicht: Wir haben es mit einem mächtigen und listigen Feind zu tun. Mit unserer Intelligenz und Weisheit werden wir ihm immer unterliegen, aber in einer gelebten Glaubensverbindung zum Sieger von Golgatha können wir seine Angriffe abwehren.

Sich Gott nahen

Vers 8a. Naht euch Gott, und er wird sich euch nahen.

Da es hier um unsere Verantwortung geht, erwartet Gott von uns den ersten Schritt: Wir suchen seine Gemeinschaft im Gebet. Im aufrichtigen und regelmässigen Kontakt mit Ihm werden seine Gegenwart und Hilfe in unserem Leben fühlbar.

Sich reinigen

Vers 8b. Säubert die Hände, ihr Sünder, und reinigt die Herzen, ihr Wankelmütigen.

Die *Sünder* sind ungläubige Menschen. Ihnen gilt der Appell, sich zu bekehren. Dann reinigen sie sich. Petrus spricht davon, wenn er die Erlösten an ihre Bekehrung erinnert: «Da ihr eure Seelen gereinigt habt durch den Gehorsam gegen die Wahrheit» (1. Pet 1,22). Das ist die grundsätzliche Reinigung.

Die *Wankelmütigen* sind die Glaubenden. Sie werden hier aufgefordert, Selbstgericht zu üben. Wenn sie in

Jakobus 4,8-10

Gedanken, Worten oder Taten gesündigt haben, sollen sie das Unrecht bekennen und in Ordnung bringen. Das ist die wiederkehrende Reinigung der Erlösten.

Das «Säubern der Hände» spricht mehr davon, dass wir eine Sünde vor den Menschen bekennen und ordnen. Es ist die äussere Seite der Reinigung. Das «Reinigen der Herzen» zeigt mehr das Bekenntnis vor Gott und betrifft die innere Seite der Bekehrung und des Selbstgerichts.

Sich demütigen

Vers 9. Seid niedergebeugt und trauert und weint; euer Lachen verwandle sich in Traurigkeit, und eure Freude in Niedergeschlagenheit.

«Seid niedergebeugt und trauert und weint.» Damit fordert Jakobus uns auf, Gott gemässe Empfindungen über unser eigenes Versagen und den schlechten Zustand im Volk Gottes zu haben. Wir haben allen Grund, uns zutiefst darüber zu schämen. Jesaja bringt diese doppelte innere Beugung mit folgenden Worten zum Ausdruck: «Ich bin ein Mann von unreinen Lippen, und inmitten eines Volkes von unreinen Lippen wohne ich» (Jes 6,5).

Vers 10. Demütigt euch vor dem Herrn, und er wird euch erhöhen.

Echte Demütigung vor Gott über unser persönliches Versagen und ein Sich-Einsmachen mit dem Versagen des Volkes Gottes ist das göttliche Rezept für eine Wiederbelebung. Dieses innere Werk macht uns vor Gott ganz klein. Auch Petrus fordert uns dazu auf: «Demütigt euch nun unter die mächtige Hand Gottes» (1. Pet 5,6). Der Herr möchte, dass wir uns vor Ihm beugen und mit einem zerschlagenen Herzen seine Nähe suchen. Er schätzt und belohnt diese innere Einstellung, indem Er sich zu dem stellt, der diese Haltung einnimmt (Ps 34,19; 51,19; Jes 57,15; 66,2).

Die Erniedrigung durch Demütigung ist wahre Grösse vor Gott. Er antwortet darauf mit der offensichtlichen Erweisung seiner Gnade. Das ist hier mit Erhöhen gemeint.

Die Beziehung zu den Brüdern
Kapitel 4,11.12

Vers 11a. Redet nicht gegeneinander, Brüder.

Das ist eine klare Aufforderung, die Glaubenden weder mit Worten persönlich anzugreifen noch vor anderen schlecht zu machen. Wie viel Schaden könnte verhindert werden, wenn wir diesen Aufruf mehr beherzigen würden!

Das bedeutet aber nicht, dass wir die Brüder und ihren Dienst nicht anhand des Wortes Gottes beurteilen sollen (Apg 17,11). Es heisst auch nicht, Verkehrtes gutzuheissen oder darüber hinwegzusehen. Manchmal ist eine Ermahnung oder Zurechtweisung nötig, wenn jemand einen falschen Weg einschlägt (Röm 15,14).

Mit einer aufeinanderfolgenden Beweisführung zeigt uns Jakobus nun, wie schlimm es ist, wenn wir gegen unsere Mitchristen reden:

Redet nicht gegeneinander,
denn das ist gegen das Gesetz!

Vers 11b. Wer gegen seinen Bruder redet oder seinen Bruder richtet, redet gegen das Gesetz und richtet das Gesetz. Wenn du aber das Gesetz richtest, so bist du nicht ein Täter des Gesetzes, sondern ein Richter.

Einflüsse auf unser Leben

Jakobus gebraucht auch hier das Gesetz nicht als Richtschnur für den Glaubenden, sondern als Spiegel, um ein falsches Verhalten deutlich zu machen. Wenn wir gegen den Bruder reden oder den Bruder im abwertenden oder verurteilenden Sinn richten, widersprechen wir dem Gesetz, das sagt: «Du sollst deinen Nächsten lieben wie dich selbst.»

Wir sind dann nicht Täter, sondern Richter des Gesetzes: Durch unser Verhalten bezeichnen wir das, was im Gesetz steht, als falsch. Damit spielen wir uns als Richter auf und stellen uns *über* das Gesetz. Doch wir haben nicht das Recht, Gottes Wort zu beurteilen. Im Gegenteil, es beurteilt uns und wir sollen uns *unter* sein Urteil stellen.

Redet nicht gegeneinander, denn das richtet sich gegen Gott!

Vers 12. Einer ist der Gesetzgeber und Richter, der zu erretten und zu verderben vermag. Du aber, wer bist du, der du den Nächsten richtest?

Wenn wir gegen das Gesetz handeln, nehmen wir Stellung gegen Gott, der uns hier auf dreierlei Weise vorgestellt wird. Dabei geht es Jakobus nicht um eine spezielle Gerichtssitzung, sondern einfach um die Tatsache, dass Gott die höchste und letzte Instanz ist.

- Gott ist der *Gesetzgeber*. Nur Er hat die Souveränität zu entscheiden, was gut und böse ist. Darum sollen wir seine Anweisungen nicht infrage stellen.

Jakobus 4,12

- Gott ist der *Richter* von allen (Heb 12,23; 1. Mo 18,25). Es ist seine Sache, die Menschen zu beurteilen. Folglich sollen wir andere nicht verurteilen.
- Gott hat die *Vollmacht,* sein Urteil auszuführen. Sowohl Freispruch als auch Verurteilung sind in seiner Hand.

Vor diesem grossen Gott werden wir ganz klein. Wir verstehen nun die ernste Frage: «Wer bist du, der du den anderen richtest?» Wie vermessen ist es, auf diese Weise Gottes Stelle einzunehmen!

Einflüsse auf unser Leben

Mit oder ohne Gott leben

Kapitel 4,13-17

Handeln ohne Gott

Vers 13. Wohlan nun, ihr, die ihr sagt: Heute oder morgen wollen wir in die und die Stadt gehen und dort ein Jahr zubringen und Handel treiben und Gewinn machen ...

Wenn wir unser Leben bewusst ohne Gott führen, schmieden wir eigene Pläne und setzen uns eigene Ziele. Dabei offenbaren wir nicht nur Eigenwillen, sondern auch Selbstvertrauen. Wir wollen dies oder das unternehmen und glauben, dass wir dabei Erfolg haben werden.

Wir massen uns zudem an, über unsere Zukunft verfügen zu können, indem wir planen, «in die und die Stadt zu gehen und dort ein Jahr zuzubringen». Dabei vergessen wir, dass unsere Lebenszeit nicht in unserer Hand ist.

Schliesslich verfolgen wir auf diesem eigenwilligen Weg irdische, wenn nicht sogar habsüchtige Ziele. Wir wollen «Gewinn machen», d. h. reich werden.

Vers 14. ... (die ihr nicht wisst, was der morgige Tag bringen wird; denn was ist euer Leben? Ein Dampf ist

Jakobus 4,13-15

es ja, der für eine kurze Zeit sichtbar ist und dann verschwindet); ...

Wer so denkt und plant, wie es in Vers 13 beschrieben ist, wird jetzt an die Realität des menschlichen Lebens erinnert:
- Als Menschen können wir nicht in die Zukunft blicken. Unsere Zeiten sind nicht in unserer Hand, sondern in der Hand Gottes.
- Als Menschen sind wir so unwichtig wie ein Dampf, der schnell verschwindet. Überschätzen wir deshalb unsere Tatkraft und unsere Aktivitäten nicht! Bleiben wir bescheiden!

Handeln mit Gott

Vers 15. ... statt dass ihr sagt: Wenn der Herr will und wir leben, so werden wir auch dieses oder jenes tun.

Dieser Vers steht im Kontrast zu den beiden vorherigen und zeigt uns einen wichtigen Grundsatz für ein Glaubensleben mit Gott. Bei allen Überlegungen, die wir in unserem Leben anstellen müssen, soll der Wille des Herrn für uns erste Priorität haben. Ihm wollen wir gehorchen. Zudem soll uns das Bewusstsein leiten, dass wir nicht wissen, wie lange wir noch auf der Erde sind. Als Glaubende leben wir nach dem Motto: «Wenn der Herr will und wir leben.» Dieser Leitspruch soll nicht eine blosse Redewendung, sondern eine Realität im Leben sein.

Das Eigenlob

Vers 16. Nun aber rühmt ihr euch in euren Grosstuereien. Alles solches Rühmen ist böse.

Ein Leben ohne Gott zeichnet sich durch Eigenlob aus. Weil wir meinen, wir hätten es durch eigene Intelligenz und Anstrengung zu etwas gebracht, prahlen wir damit. Doch das ist Gott zuwider und kommt auch bei den Menschen nicht gut an.

Eine Schlussfolgerung

Vers 17. Wer nun weiss, Gutes zu tun, und tut es nicht, dem ist es Sünde.

Ein Leben in Unabhängigkeit von Gott ist durch Egoismus geprägt. Wir denken dann nur an uns und vergessen, den anderen Gutes zu tun.

Wenn uns nun ein Bedürfnis unserer Mitmenschen bekannt wird und wir die Möglichkeit haben, ihm zu begegnen, dies aber bewusst nicht tun, so ist das ein Beweis von Selbstsucht und fehlender Nächstenliebe. Das ist Sünde.

Das Wort an die Gottlosen

Kapitel 5,1-6

Jakobus spricht in Kapitel 5 nacheinander zwei Gruppen von Menschen an:

- Verse 1-6: Die Gottlosen, die reich sind und die Armen unterdrücken.
- Verse 7-20: Die Glaubenden, die unter diesem Druck leiden, aber Gottes Hilfsquellen für jede Lebenssituation besitzen.

Dieses Verhältnis zwischen den Ungläubigen und den Glaubenden ändert sich erst bei der Ankunft des Herrn. Dann wird Er die Gottlosen, die jetzt die Armen bedrücken, richten und die unterdrückten Glaubenden befreien.

Im ersten Abschnitt warnt Jakobus die Gottlosen ernst vor dem Gericht und stellt ihre bösen Handlungen an den Pranger.

Das Wort an die Gottlosen

Das Gericht der Gottlosen

Verse 1-3a. Wohlan nun, ihr Reichen, weint und heult über euer Elend, das über euch kommt! Euer Reichtum ist verfault, und eure Kleider sind von Motten zerfressen worden. Euer Gold und Silber ist verrostet, und ihr Rost wird zum Zeugnis sein gegen euch und wird euer Fleisch fressen wie Feuer; ...

Wir erkennen in diesen Versen drei Schwerpunkte:

- *Die Zukunft der Gottlosen:* Auf diese ungläubigen Menschen, die sich materielle Schätze aufgehäuft haben, wartet das Gericht Gottes. Ihr Ende wird schrecklich sein, weil sie ohne Gott gelebt haben.

- *Der Verlust der Gottlosen:* Ihr Reichtum und ihr Prunk werden vergehen, denn sie haben ihren Besitz für einen durchlöcherten Beutel gesammelt (Hag 1,6). Manche Menschen haben diese Erfahrung schon gemacht, indem sie ihren Reichtum während einer Krisenzeit von einem Tag auf den anderen verloren haben. In der zukünftigen Gerichtszeit wird das für alle Ungläubigen wahr werden: Sie werden bestimmt alles verlieren.

- *Die Schande der Gottlosen:* Der Verlust ihrer materiellen Schätze wird gegen sie zeugen: Bei der Ankunft des Herrn wird klar werden, dass sie ihr Leben auf die falsche Karte gesetzt haben. Ihr ganzer Einsatz war vergeblich, weil sie Gott aus ihrem Leben ausgeklammert haben.

Jakobus 5,1-4

Vier Vorwürfe an die Gottlosen

In den Versen 3b bis 6 muss Jakobus den Reichen vier konkrete Vergehen vorwerfen:

Sie leben nur für das Materielle

Vers 3b. ... ihr habt Schätze gesammelt in den letzten Tagen.

Anstatt in den letzten Tagen an das göttliche Eingreifen im Gericht zu denken, häuften sich die Reichen irdische Schätze auf. Ihr Leben war nur darauf ausgerichtet, sich zu bereichern. Die Ansprüche Gottes ignorierten sie.

Sie behandeln die Armen ungerecht

Vers 4. Siehe, der Lohn der Arbeiter, die eure Felder abgemäht haben, der von euch vorenthalten worden ist, schreit, und das Geschrei der Schnitter ist zu den Ohren des Herrn Zebaoth gekommen.

Die Gottlosen haben – anstatt den Armen zu helfen – ihnen für ihre Arbeit keinen Lohn bezahlt und sich dadurch unrechtmässig bereichert. Das Geschrei dieser wehrlosen und ausgenutzten Arbeiter ist aber zu Gott aufgestiegen. Er ist der Herr Zebaoth, d. h. der Herr der Heerscharen, der die Macht hat, dieser Ungerechtigkeit in der Zukunft durch Gericht zu begegnen.

Sie sind genusssüchtig

Vers 5. Ihr habt in Üppigkeit gelebt auf der Erde und geschwelgt; ihr habt eure Herzen gepflegt wie an einem Schlachttag.

Die Gottlosen haben in ihrem Reichtum geschwelgt und sich masslos dem irdischen Wohlleben hingegeben. Genusssucht hat ihr Verhalten geprägt. Sie haben ihr Herz gepflegt, indem sie ihre irdischen und sündigen Wünsche ausgelebt haben. Genauso lebte der reiche Bauer in Lukas 12. Er hatte sein Herz an seinen Reichtum gehängt. Darum sagte er zu sich selbst: «Seele, du hast viele Güter daliegen auf viele Jahre; ruhe aus, iss, trink, sei fröhlich» (Lk 12,19).

Sie haben den Gerechten getötet

Vers 6. Ihr habt verurteilt, ihr habt getötet den Gerechten; er widersteht euch nicht.

Die Gerechten haben die Reichen vor ihrem bösen Weg gewarnt und durch ein gerechtes Leben ihre gottlosen Handlungen verurteilt. Doch die Ungläubigen haben diese Mahner zum Schweigen gebracht, indem sie die Gerechten töteten. Das ist das schlimmste Vergehen.

Wir finden hier auch einen Hinweis auf die Tötung des Herrn Jesus. Die Menschen haben Ihn, der durch sein gerechtes Leben und seine klaren Worte ihr böses Verhalten angeklagt hatte, an ein Kreuz geschlagen und umgebracht (Mt 27,19; Lk 23,47; Apg 7,52).

Das Wort an die Glaubenden

Kapitel 5,7-20

Jakobus richtet sich in diesem Abschnitt an die Glaubenden, die unter dem Druck einer gottlosen Welt leiden. Er hat vier Botschaften an sie:

- Verse 7-12:   Wartet geduldig auf den Herrn!
- Verse 13-15: Nutzt die göttlichen Hilfsquellen!
- Verse 16-18: Seid offen zueinander!
- Verse 19.20: Bedeckt eine Menge von Sünden!

Das Wort an die Glaubenden

Wartet geduldig auf den Herrn!

Jakobus fordert uns in den Versen 7-12 zu einem geduldigen Warten auf. Mit drei Beispielen spornt er uns dazu an. In allen drei Fällen zeigt er uns, worauf die Einzelnen warten:

- Der *Ackerbauer* wartet auf die Frucht (V. 7).
- Die *Propheten* warteten auf die Erfüllung des Wortes Gottes (V. 10).
- *Hiob* wartete auf das Ende seiner Leiden (V. 11).

Vers 7a. Habt nun Geduld, Brüder, bis zur Ankunft des Herrn.

Der Glaubende hofft nicht auf die Veränderung seiner Situation, sondern auf den Herrn. Seine Ankunft wird die Wende bringen. So ist das Warten auf den Herrn in jeder heilsgeschichtlichen Zeitepoche der Kernpunkt und das Wesen des Glaubens.

- Simeon – dieser gottesfürchtige *Jude* – erwartete den Messias. Als er das Kind Jesus in seinen Armen hielt, war seine Erwartung erfüllt und er konnte in Frieden heimgehen (Lk 2,25-30).

- Die Thessalonicher – diese jungen *Christen* – hatten sich zum lebendigen Gott bekehrt und erwarteten nun seinen Sohn, Jesus Christus, aus dem Himmel (1. Thes 1,9.10).

Jakobus 5,7-9

Vers 7b. Siehe, der Ackerbauer wartet auf die köstliche Frucht der Erde und hat Geduld ihretwegen, bis sie den Früh- und den Spätregen empfängt.

Der Ackerbauer ist uns als Beispiel gegeben: Er wartet geduldig auf die Ernte seiner Ackerfrüchte. Während das Getreide heranreift, darf er im Früh- und Spätregen Gottes Wirken betrachten. Er weiss: Es braucht seine Zeit bis die Ernte reif ist. Genauso halten wir im Glauben auf das Kommen des Herrn Ausschau und erfahren in dieser Wartezeit die göttliche Unterstützung vom Himmel als eine Bestätigung, dass sich unsere Erwartung auf sein Kommen erfüllen wird.

Vers 8. Habt auch ihr Geduld, befestigt eure Herzen, denn die Ankunft des Herrn ist nahe gekommen.

Wenn wir als Glaubende ungerecht behandelt werden, stehen wir in Gefahr, uns dagegen zur Wehr zu setzen. Doch das ist nicht recht. Stattdessen sollen wir geduldig auf den Moment warten, an dem der Herr eingreift und alles klarstellt. Natürlich dürfen wir auf ein Unrecht hinweisen, wie Abraham es einst tat (1. Mo 21,25). Auch unser Herr hat, als Er geschlagen wurde, der Ungerechtigkeit nicht widerstanden, jedoch den Schlagenden zurechtgewiesen (Joh 18,23).

Vers 9. Seufzt nicht gegeneinander, Brüder, damit ihr nicht gerichtet werdet. Siehe, der Richter steht vor der Tür.

Das Wort an die Glaubenden

Dieser Vers stellt uns eine zweite Gefahr vor. Wenn eine schwierige und ungerechtfertigte Situation unsere innere Einstellung beeinflusst, werden wir verdriesslich und mürrisch. Dadurch sind wir eine Belastung für die anderen Glaubenden. Doch Gott verurteilt diese Haltung und muss uns dann in seiner Erziehung entgegentreten.

Die Tatsache, dass der Richter vor der Tür steht, hat zwei Auswirkungen in unserem Leben. Erstens verurteilen wir die eigenen fleischlichen Regungen. Zweitens fassen wir Mut, weiter geduldig auf den Moment zu warten, da alles ins göttliche Licht gestellt wird.

Vers 10. Nehmt, Brüder, zum Vorbild des Leidens und der Geduld die Propheten, die im Namen des Herrn geredet haben.

Nun verweist Jakobus auf die Propheten. Sie haben im Namen des Herrn *geredet,* dafür *gelitten* und darin *ausgeharrt.* Sie haben aus der Gegenwart Gottes heraus eine Botschaft an das Volk Israel gerichtet. Oft mussten sie die Israeliten tadeln und zurechtweisen. Das brachte ihnen Leiden ein, weil die Leute ihnen wegen ihrer Botschaft widerstanden. Zudem erfüllte sich ihr prophetisches Wort meistens nicht zu ihren Lebzeiten. Trotzdem vertrauten sie dem Herrn und warteten auf das Eintreffen des Wortes Gottes. Ihr geduldiges Warten in den Leiden ist eine Ermutigung für uns.

Vers 11. Siehe, wir preisen die glückselig, die ausgeharrt haben. Von dem Ausharren Hiobs habt ihr gehört, und das Ende des Herrn habt ihr gesehen, dass der Herr voll innigen Mitgefühls und barmherzig ist.

Wir sind beeindruckt von der Haltung der Propheten und von Hiob, die in schweren Prüfungen ausharrten. Durch ihr Vertrauen und ihre Geduld in den Leiden ermutigen sie uns, wenn wir selbst durch schwierige Situationen gehen.

Jakobus hat hier den Anfang und das Ende der Geschichte von Hiob vor sich:

- Am Anfang erkennen wir, wie Hiob die schweren Schläge von Gott annahm und bei Ihm ausharrte. Seine Frau riet ihm: «Sage dich los von Gott und stirb!» Aber Hiob wies sie zurecht: «Du redest, wie eine der Törinnen redet. Wir sollten das Gute von Gott annehmen, und das Böse sollten wir nicht auch annehmen?» (Hiob 2,9.10).
- Am Ende sehen wir, wie Gott in seinem Mitgefühl und seiner Barmherzigkeit die Prüfung beendete und Hiob mit dem Doppelten segnete (Hiob 42,10).

Vers 12. Vor allem aber, meine Brüder, schwört nicht, weder bei dem Himmel noch bei der Erde, noch mit irgendeinem anderen Eid; es sei aber euer Ja ja, und euer Nein nein, damit ihr nicht unter Gericht fallt.

Das unbedachte Schwören offenbart eine gottlose und selbstbewusste Haltung. Wir sind dann nicht abhängig von Gott und vertrauen auf Personen, seien sie

Das Wort an die Glaubenden

im Himmel oder auf der Erde. Damit verleihen wir ihnen eine Autorität, die nur Gott zukommt. Schon der Herr Jesus hat das selbstbewusste Schwören verurteilt (Mt 5,33-37).

Anstatt unsere Aussagen mit einem Schwur zu bekräftigen, soll unser Ja ein Ja und unser Nein ein Nein sein. Das bedeutet, dass unsere Worte unzweideutig der Ausdruck unserer Gedanken sein sollen. Der Herr Jesus wurde einmal gefragt: «Wer bist *du?*» Da antwortete Er: «Durchaus das, was ich auch zu euch rede» (Joh 8,25). Seine Worte stimmten völlig mit seinem Innern überein.

Jakobus 5,13-15

Nutzt die göttlichen Hilfsquellen!

Wir gehen durch verschiedene Lebenssituationen. Es gibt Hochs und Tiefs, helle und dunkle Tage. Das sind die Wechselfälle des menschlichen Lebens. Doch für jede Situation gibt Gott uns ein passendes Hilfsmittel:

Vers 13a. Leidet jemand unter euch Trübsal? Er bete.

In einer schweren Zeit und in Schwierigkeiten ist das Gebet ein besonders grosses Vorrecht. Beten gehört zum normalen Glaubensleben. Aber erst in der Not lernen wir, wirklich zu Gott zu schreien.

Vers 13b. Ist jemand guten Mutes? Er singe Psalmen.

In guten Tagen dürfen wir Loblieder singen. Dadurch bringen wir unsere Dankbarkeit gegenüber Gott und unsere Freude zum Ausdruck.

Sowohl durch das Gebet in der Not als auch durch das Loblied in der Freude sind wir mit Gott verbunden.

Verse 14.15. Ist jemand krank unter euch? Er rufe die Ältesten der Versammlung zu sich, und sie mögen über ihm beten und ihn mit Öl salben im Namen des Herrn. Und das Gebet des Glaubens wird den Kranken heilen, und der Herr wird ihn aufrichten, und wenn er Sünden begangen hat, wird ihm vergeben werden.

Das Wort an die Glaubenden

Wenn jemand krank wird, ist das immer eine Folge des Sündenfalls. Manchmal schickt Gott eine Krankheit, um einen Gläubigen zu sich in die Herrlichkeit zu nehmen. Ein Beispiel dafür ist Elisa (2. Kön 13,14). Manchmal ist die Krankheit auch ein Mittel der Erziehung Gottes. Das ist hier in Jakobus 5 gemeint.

Es ist einerseits möglich, dass wir wie Hiob eine verkehrte *Haltung* haben. Durch die Krankheit wird sie uns bewusst und wir korrigieren unsere Einstellung. Anderseits kann es auch sein, dass wir bestimmte *Sünden* begangen haben. Dann schickt Gott uns die Krankheit, damit wir diese Sünde erkennen und ordnen.

Wenn es aber eine Sünde zum Tod ist, d. h. wenn Gott durch die Krankheit den Glaubenden von der Erde wegnehmen will, dann sollen wir nicht für ihn beten (1. Joh 5,16). Er ist zwar für die Ewigkeit gerettet, aber Gott kann ihn hier nicht mehr als seinen Zeugen gebrauchen.

Jakobus stellt uns also die Krankheit als eine erzieherische Massnahme Gottes vor, die aber nicht eine Sünde zum Tod als Ursache hat.

Damit wir die Einzelheiten dieser Stelle verstehen, müssen wir uns in die Anfangszeit des christlichen Zeugnisses versetzen. Die Menschen, die aus dem Volk Israel zum Glauben an Jesus Christus gekommen waren, waren durch ihre Herkunft noch sehr mit dem Judentum verbunden. Dazu kommt, dass zu diesem Zeitpunkt die Versammlung Gottes noch nicht im Verfall begriffen war. Darum gibt Jakobus dem Kranken die Möglichkeit, die Ältesten der Versammlung zu rufen, damit sie über ihm beten und ihn mit Öl salben mögen. Die Ältesten der Versammlung sind also ein christliches Element, das Öl ist ein jüdisches Element (1. Pet 5,1-4; Mk 6,13).

Heute spielt das Öl als jüdisches Element keine Rolle mehr. Zudem sind durch den Verfall des christlichen Zeugnisses die Ältesten der Versammlung schwer zu erkennen. Dennoch haben diese Verse auch heute noch ihre Bedeutung.

Wenn der Kranke merkt, dass seine Krankheit eine Züchtigung von Gott ist, und er sie als von Gott gesandt anerkennt, dann ist sein Glaube wirksam. Er kann nun die Hilfsquelle Gottes in Anspruch nehmen. Die Sache muss vom Kranken ausgehen. Doch er soll nicht irgendwelche Brüder rufen, sondern ältere, einsichtsvolle Brüder, die Weisheit, Erfahrung und ein gesundes Urteil besitzen.

«Sie mögen über ihm beten.» Wenn diese Brüder erkennen, dass die Krankheit eine Züchtigung vom Herrn ist und sie es für gut befinden, können sie über dem Kranken beten.

Für die Heilung ist weder das christliche noch das jüdische Element entscheidend, sondern das Gebet des Glaubens. Da werden also der Glaube des Kranken und der Glaube der Brüder aktiv. Gott erhört das Gebet des Glaubens, indem Er den Kranken heilt und aufrichtet. Doch wir wollen festhalten: Gott bleibt souverän in seinem Handeln. Er kann die Krankheit auch lassen oder den Kranken zu sich heimholen.

Das Wort an die Glaubenden

Wenn die Ursache der Krankheit eine Sünde ist und der Herr ihn heilt, kann er sich der Vergebung gewiss sein. Die Sünde ist Gott gemäss geordnet. Diese verwaltungsmässige Vergebung im Blick auf das Leben auf der Erde finden wir schon in Jesaja 40,2 und auch mehrmals in den Evangelien (Lk 5,20; 7,48).

Jakobus 5,16-18

Seid offen zueinander!

Vers 16a. Bekennt nun einander die Sünden und betet füreinander, damit ihr geheilt werdet; ...

Gott möchte, dass wir offen miteinander umgehen, nicht so wie die Pharisäer, die der Herr «übertünchte Gräber» nennt (Mt 23,27). Sie gaben sich einen weissen Anstrich, aber im Innern sah es ganz anders aus. Eine Atmosphäre der Liebe und des Vertrauens im Volk Gottes macht es einfacher, diese Offenheit praktisch zu verwirklichen.

«Bekennt einander eure Sünden.» Das ist Offenheit im Blick auf uns selbst. Wir sind aufrichtig und geben unsere Fehler zu. Wir wollen nicht besser dastehen als wir sind und verbergen nichts bewusst.

«Betet füreinander.» Echte christliche Liebe verurteilt den anderen nicht, sondern betet für ihn. Wir machen das, was wir von ihm wissen, nicht publik. Im Gegenteil, wir bringen die Sache im Gebet vor den Herrn.

«Damit ihr geheilt werdet.» Der Geist der Aufrichtigkeit und der Liebe hat eine heilende Wirkung im Volk Gottes. Das betrifft einerseits die geistlichen Beziehungen untereinander und anderseits konkrete Krankheiten, wie wir in Vers 15 gesehen haben.

Verse 16b-18. ... das inbrünstige Gebet eines Gerechten vermag viel. Elia war ein Mensch von gleichen Empfin-

dungen wie wir; und er betete ernstlich, dass es nicht regnen möge, und es regnete nicht auf der Erde drei Jahre und sechs Monate. Und wieder betete er, und der Himmel gab Regen, und die Erde brachte ihre Frucht hervor.

Damit wir im Gebet füreinander nicht so schnell nachlassen, gibt Gott uns eine *Verheissung* und ein Mut machendes *Beispiel*.

Das *inbrünstige* Gebet ist ein ernstes, echtes und anhaltendes Schreien zu Gott. Das Gebet *eines Gerechten* setzt ein Verhalten im Alltag voraus, das mit Gott übereinstimmt. Darauf verweist auch Johannes in seinem ersten Brief: «Geliebte, wenn unser Herz uns nicht verurteilt, so haben wir Freimütigkeit zu Gott, und was irgend wir erbitten, empfangen wir von ihm, weil wir seine Gebote halten und das vor ihm Wohlgefällige tun» (1. Joh 3,21.22). Wenn wir also praktisch gerecht leben, ernst und anhaltend beten, erfahren wir, dass unser Gebet viel vermag.

Ein anspornendes Beispiel dafür ist Elia. Er lebte gerecht und in der Nähe Gottes. Durch sein ernstes Gebet konnte er zuerst den Regen zurückhalten. Nach einer dreieinhalbjährigen Trockenheit betete er wieder und Gott schenkte Regen. Seine verborgene Verbindung zu Gott im Gebet hat diese Wirkung hervorgebracht. Das ermutigt uns, füreinander zu beten.

Jakobus 5,19-20

Bedeckt eine Menge von Sünden!

Verse 19.20. Meine Brüder, wenn jemand unter euch von der Wahrheit abirrt, und es führt ihn jemand zurück, so wisse er, dass der, der einen Sünder von der Verirrung seines Weges zurückführt, eine Seele vom Tod erretten und eine Menge von Sünden bedecken wird.

In diesen Versen denkt Jakobus sowohl an Gläubige als auch an Ungläubige. Ein Erlöster kann durch Eigenwillen von der Wahrheit abkommen. Ein Sünder irrt auf seinem Lebensweg ohne Gott ziellos umher.

Wir werden aufgefordert, sowohl dem Abgeirrten als auch dem Verirrten zu helfen:

- Wir bemühen uns um Ungläubige, indem wir ihnen das Evangelium vorstellen und für sie beten, damit sie gerettet werden.

- Wir setzen uns für abgeirrte Gläubige ein, indem wir sie auf ihren falschen Weg oder ihren Fehltritt aufmerksam machen und für sie beten, damit sie wiederhergestellt werden.

Auf diese Weise sind wir ein Werkzeug, damit ein Sünder zu Gott kommt (1. Pet 3,18) und ein Glaubender wieder ins volle Licht des Christus zurückkehrt (Eph 5,14).

Wenn Gott uns für dieses Werk gebrauchen kann, wird zweierlei bewirkt:

Das Wort an die Glaubenden

- «Er wird eine Seele vom Tod erretten.» Das betrifft die *Person,* die zurückgeführt wird. Sowohl ein unbekehrter Mensch als auch ein Glaubender, der von der Wahrheit abgeirrt ist, hat Gott gegen sich und befindet sich auf dem Weg zum Tod. Beim Glaubenden wird der Herr einschreiten, denn erlöste Menschen gehen niemals verloren (Joh 10,28). Wenn nun der eine oder andere durch unsere Bemühungen der Liebe zurückgeführt wird, erretten wir seine Seele vom Tod, weil der Betreffende diesen verkehrten Weg verlässt.

- «Er wird eine Menge von Sünden bedecken.» Das betrifft *Gott.* Die Sünde ist in seinen Augen schrecklich und Er muss ihr richterlich begegnen. Wenn wir uns nun einsetzen, damit sich ein Sünder bekehrt oder ein Gläubiger zurückgeführt wird, bedecken wir die Sünden vor den richterlichen Augen Gottes. Statt den Betreffenden zu verurteilen, schüttet Er das ganze Mass seiner Gnade und seinen Segen über ihn aus.